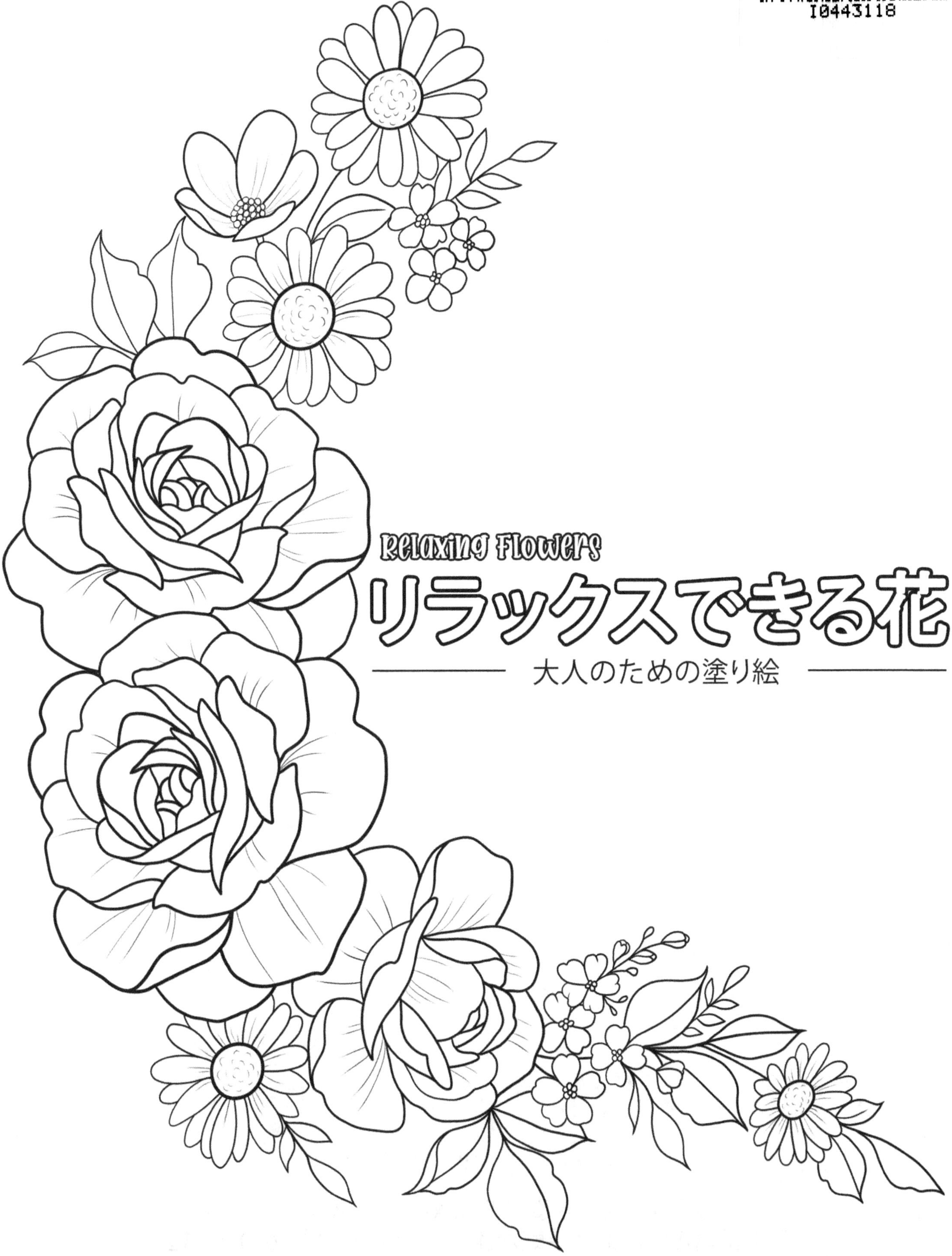

Relaxing Flowers

リラックスできる花

大人のための塗り絵

リラックスできる花 Relaxing Flowers:
花花束花輪さまざまな装飾が施された大人のための塗り絵

ISBN: 9798567245118

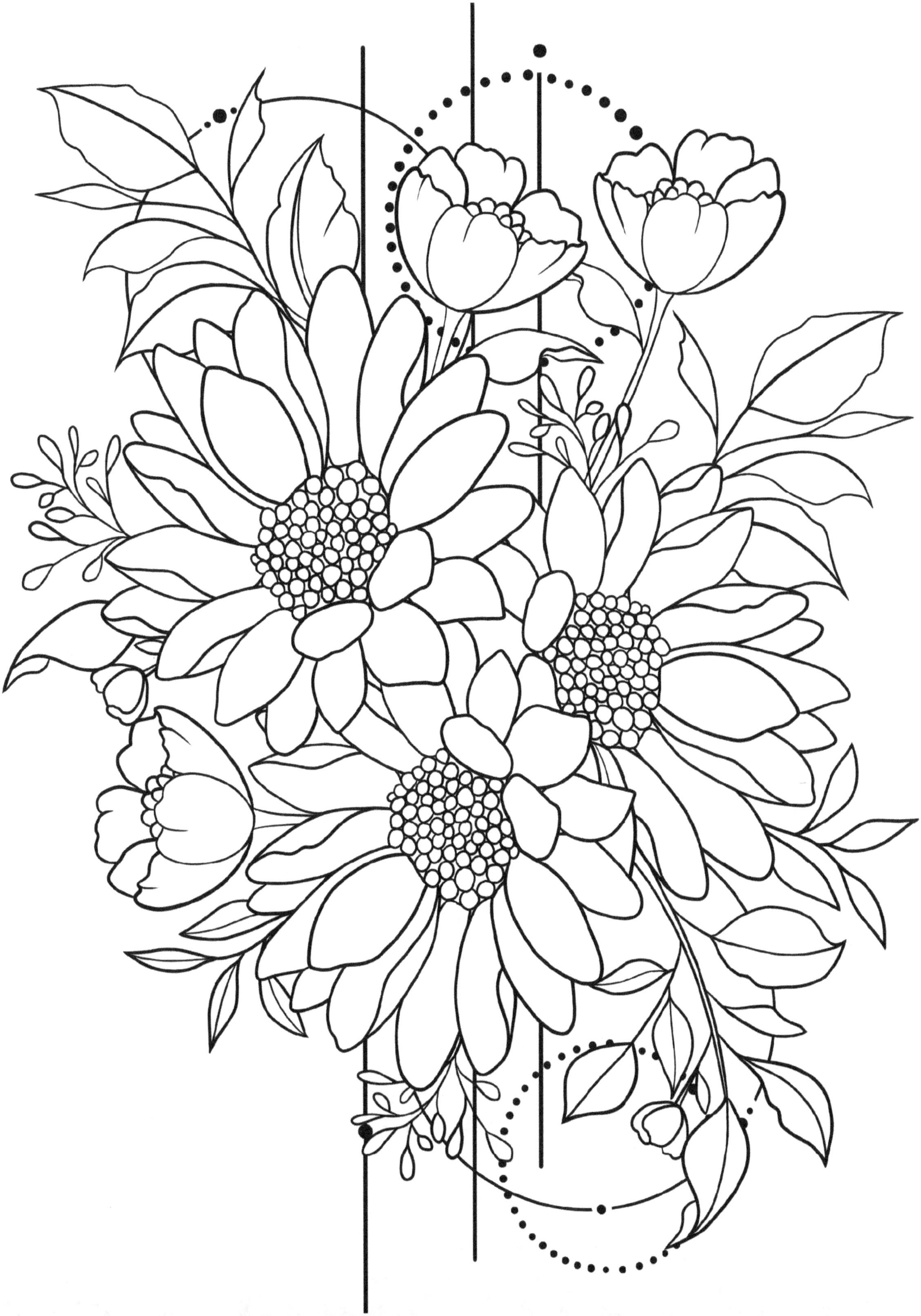

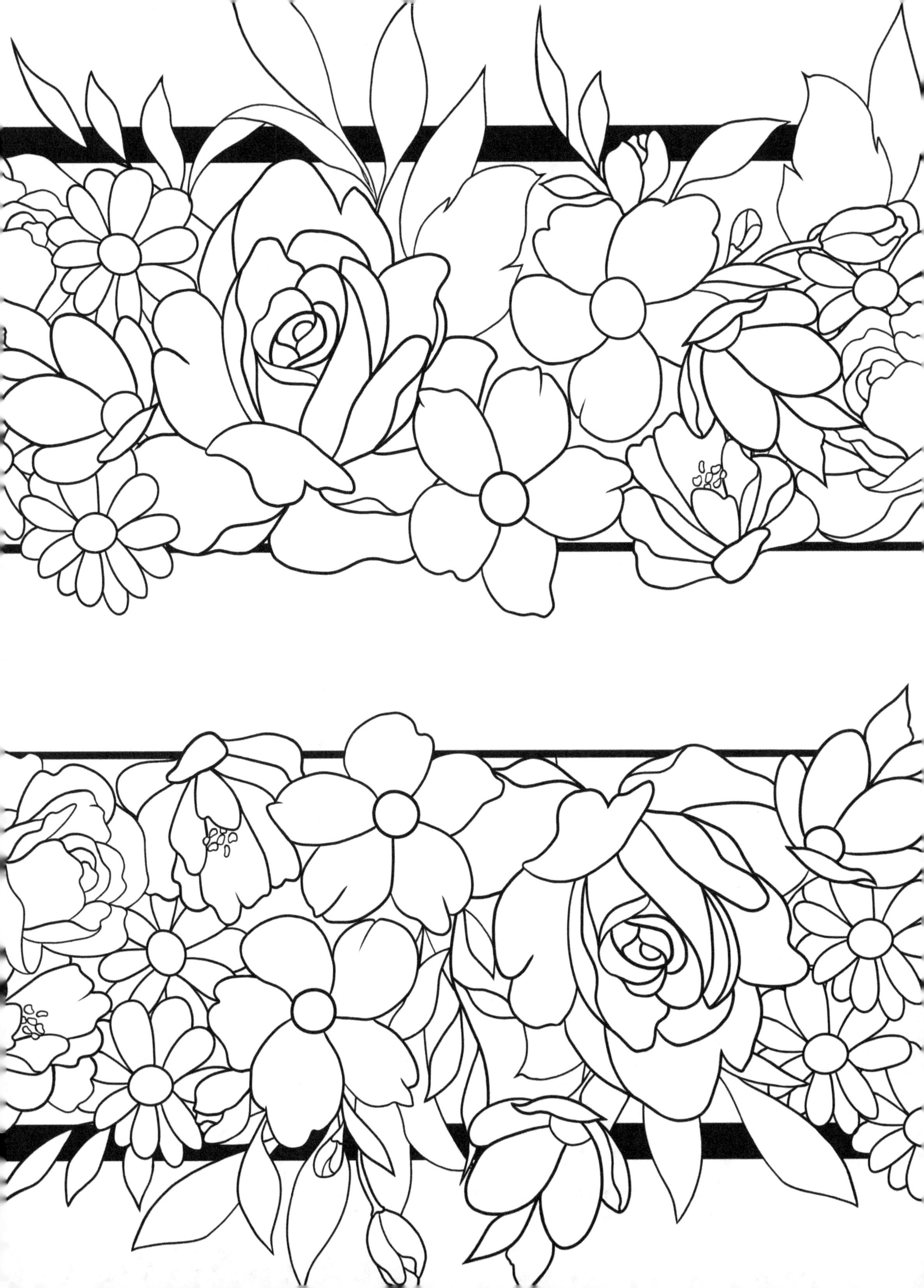

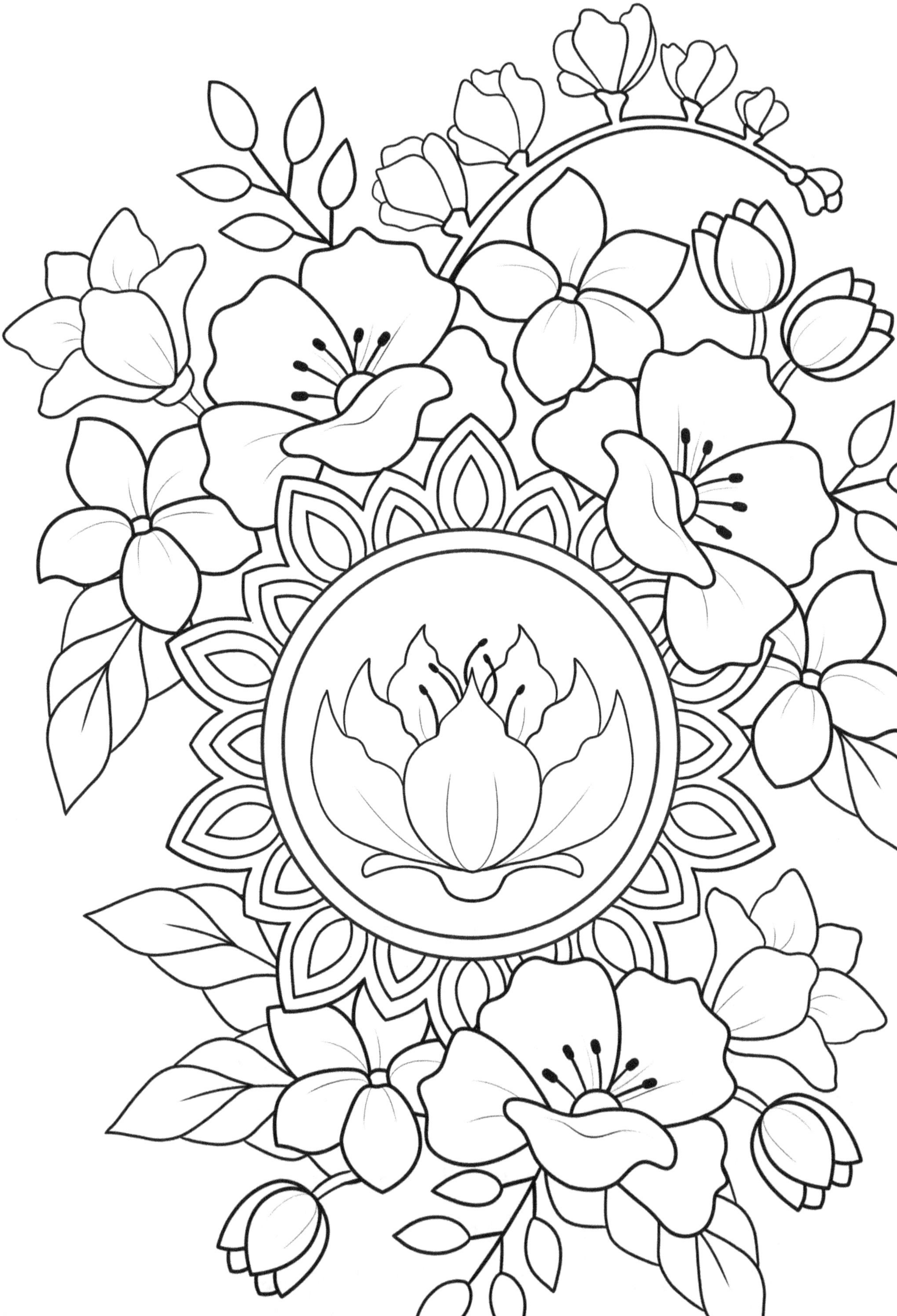

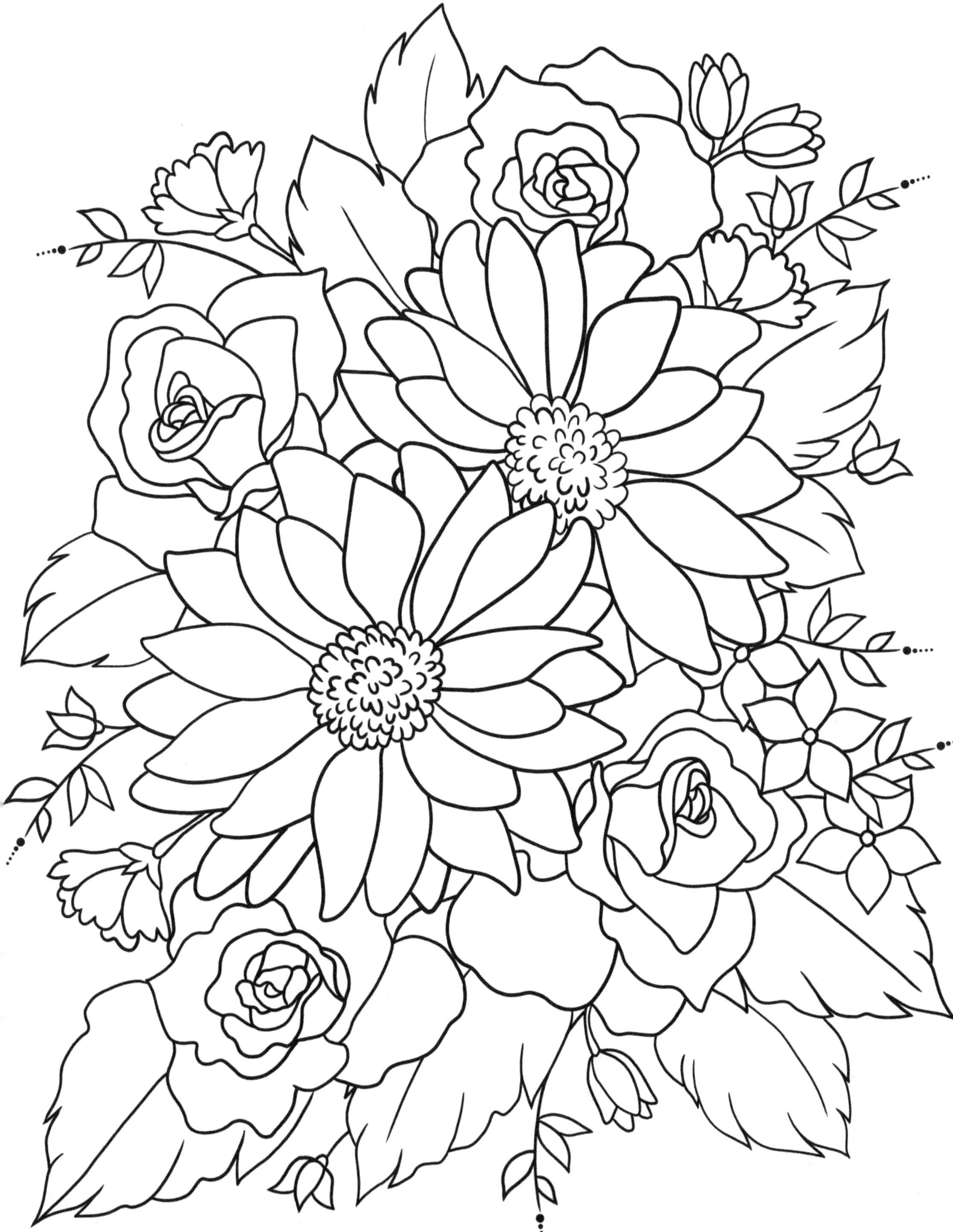

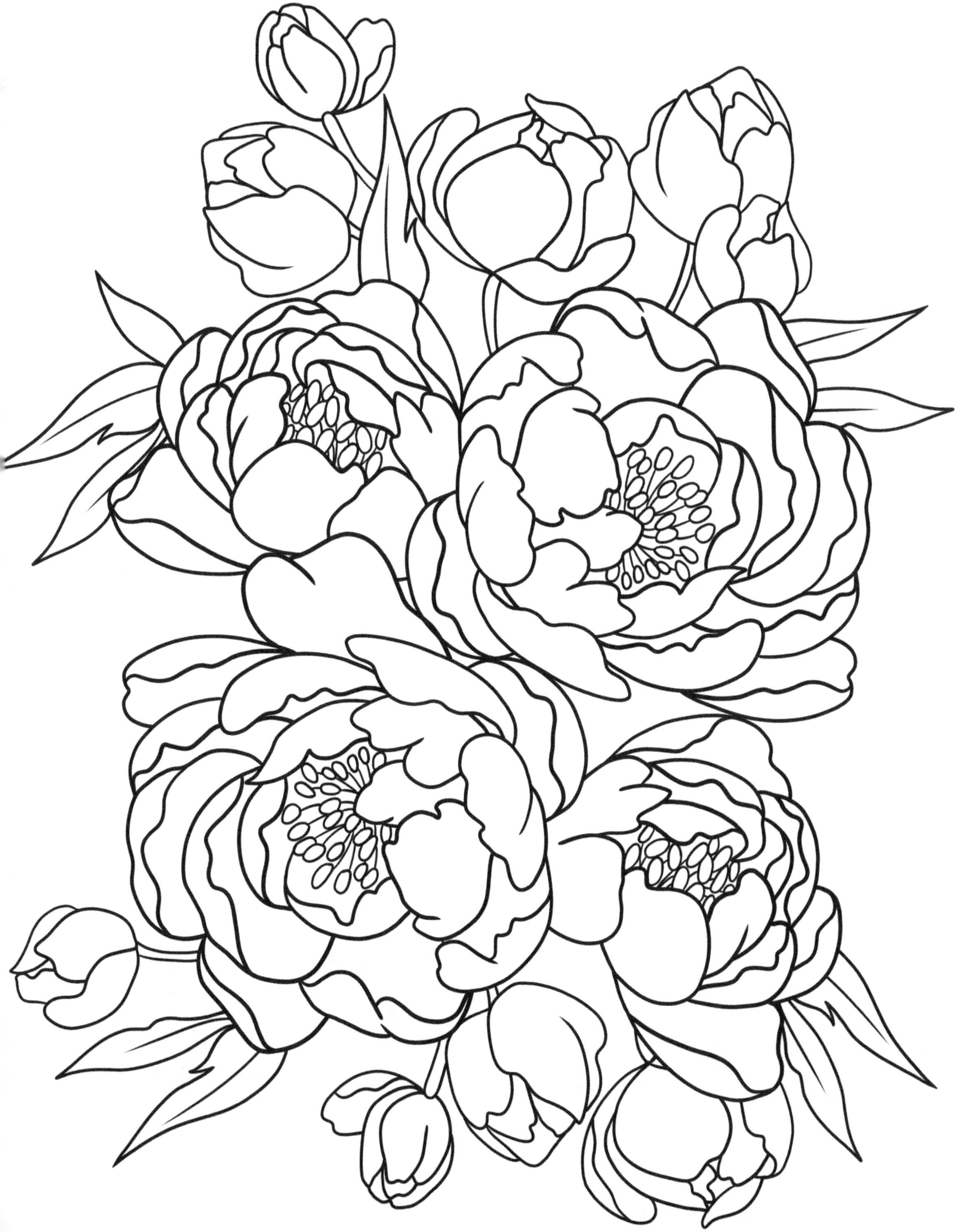

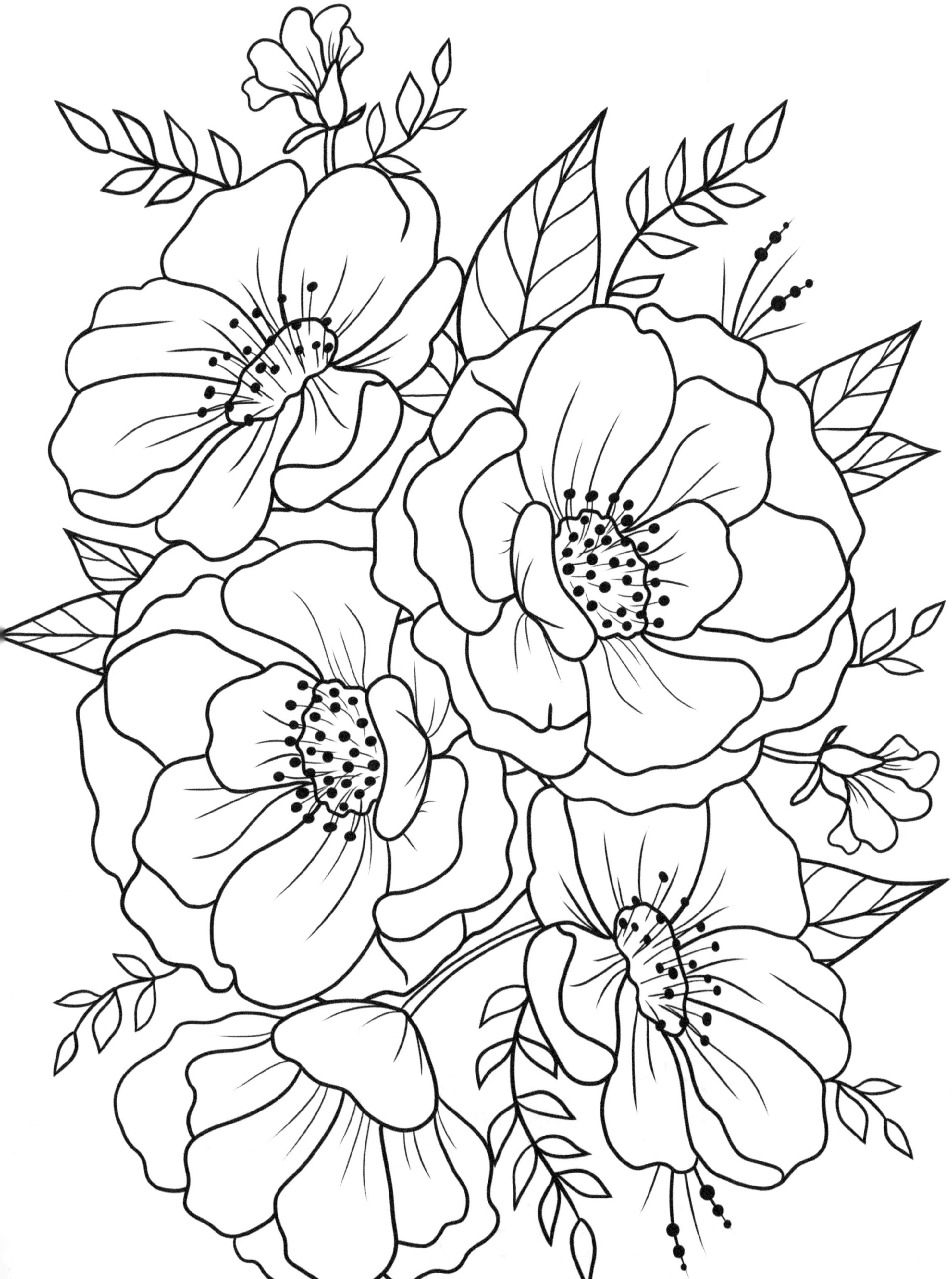

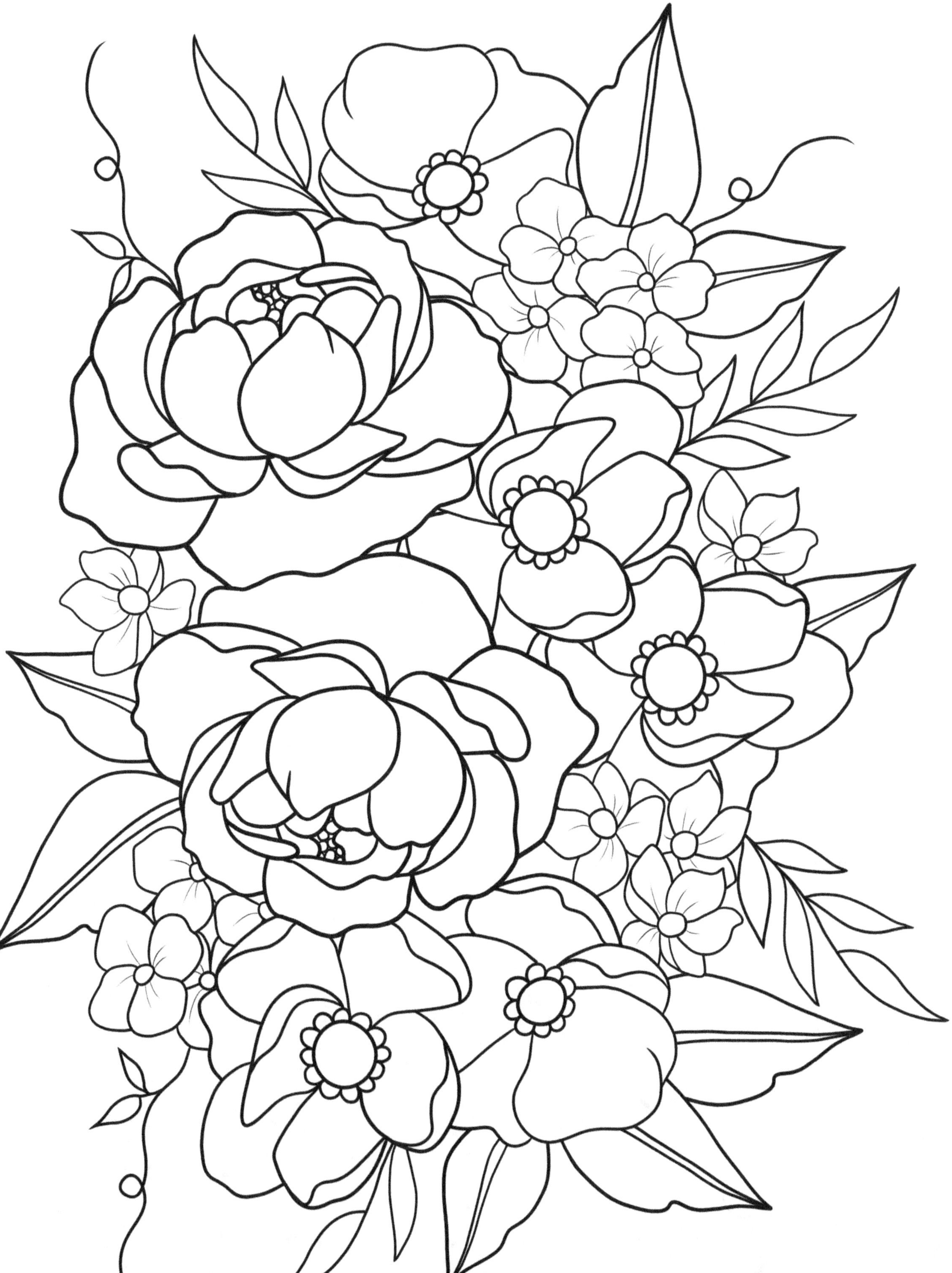

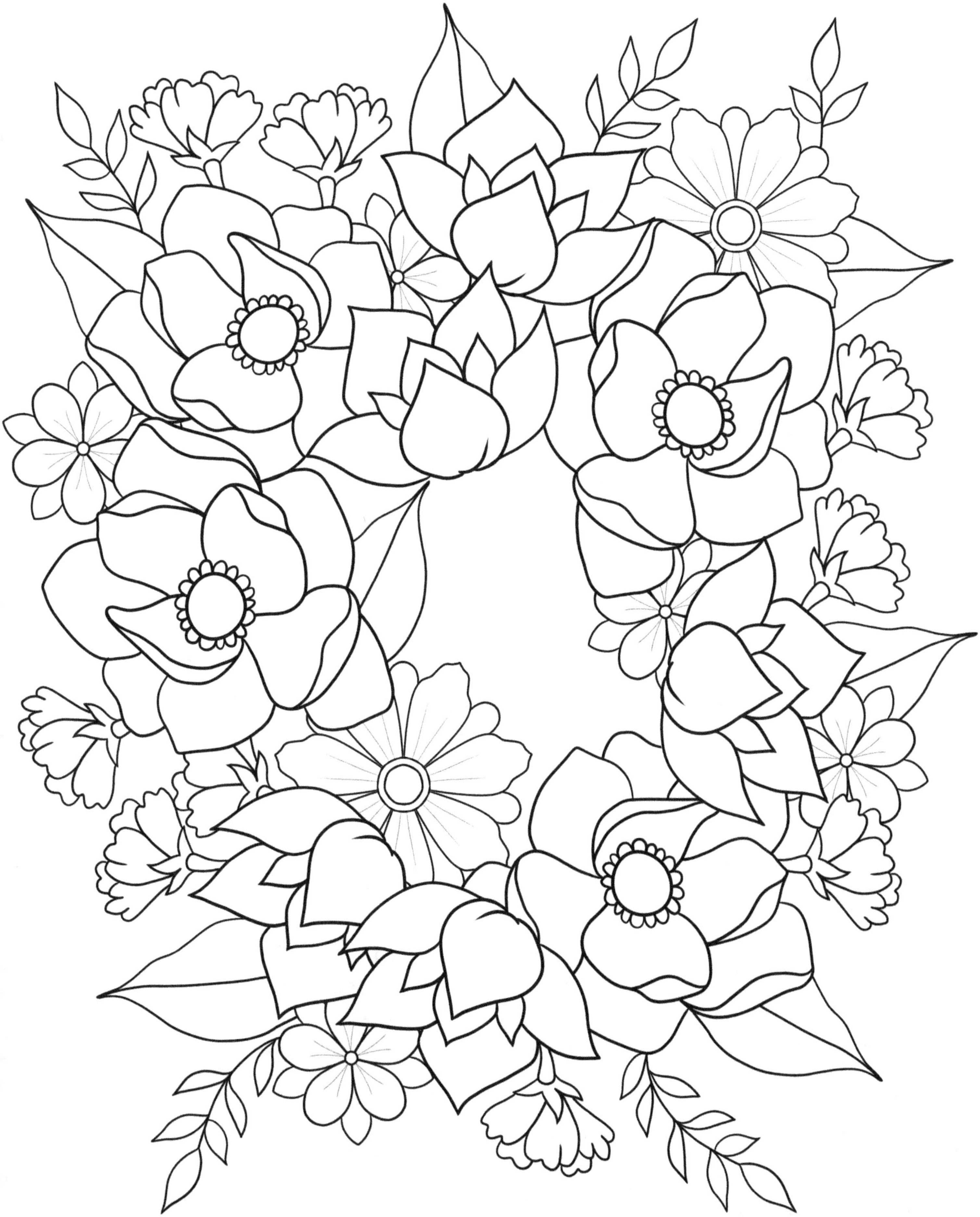

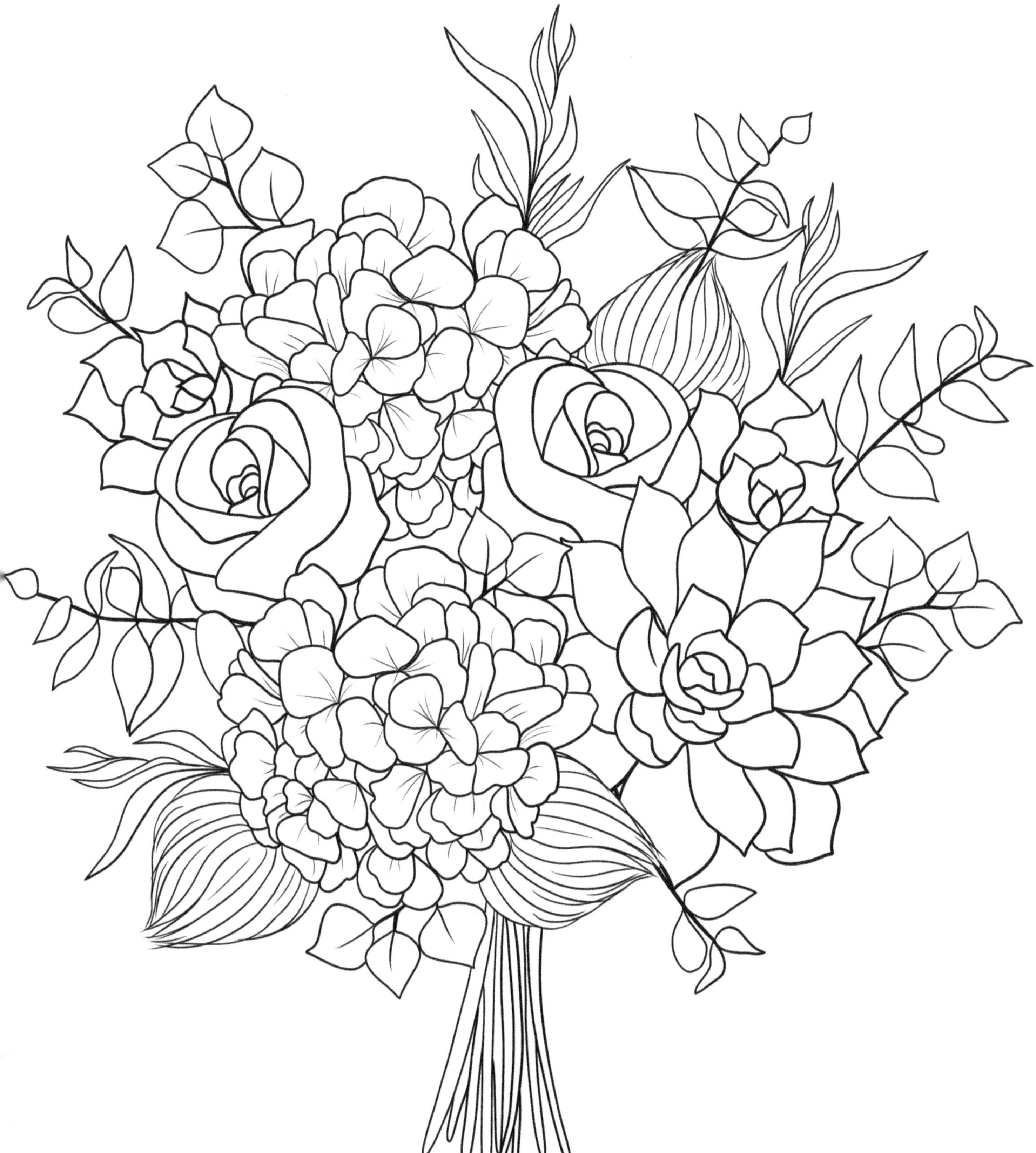

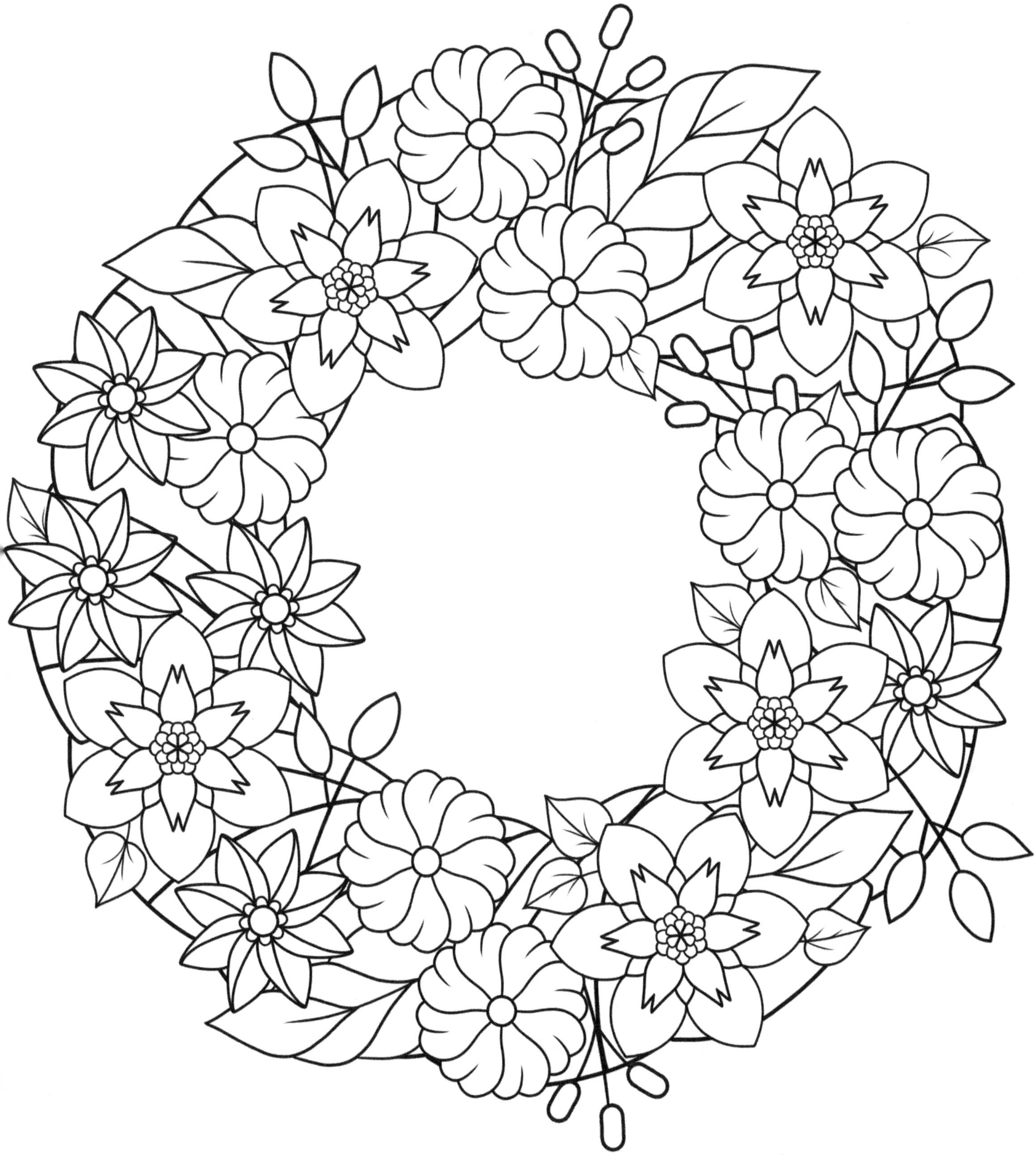

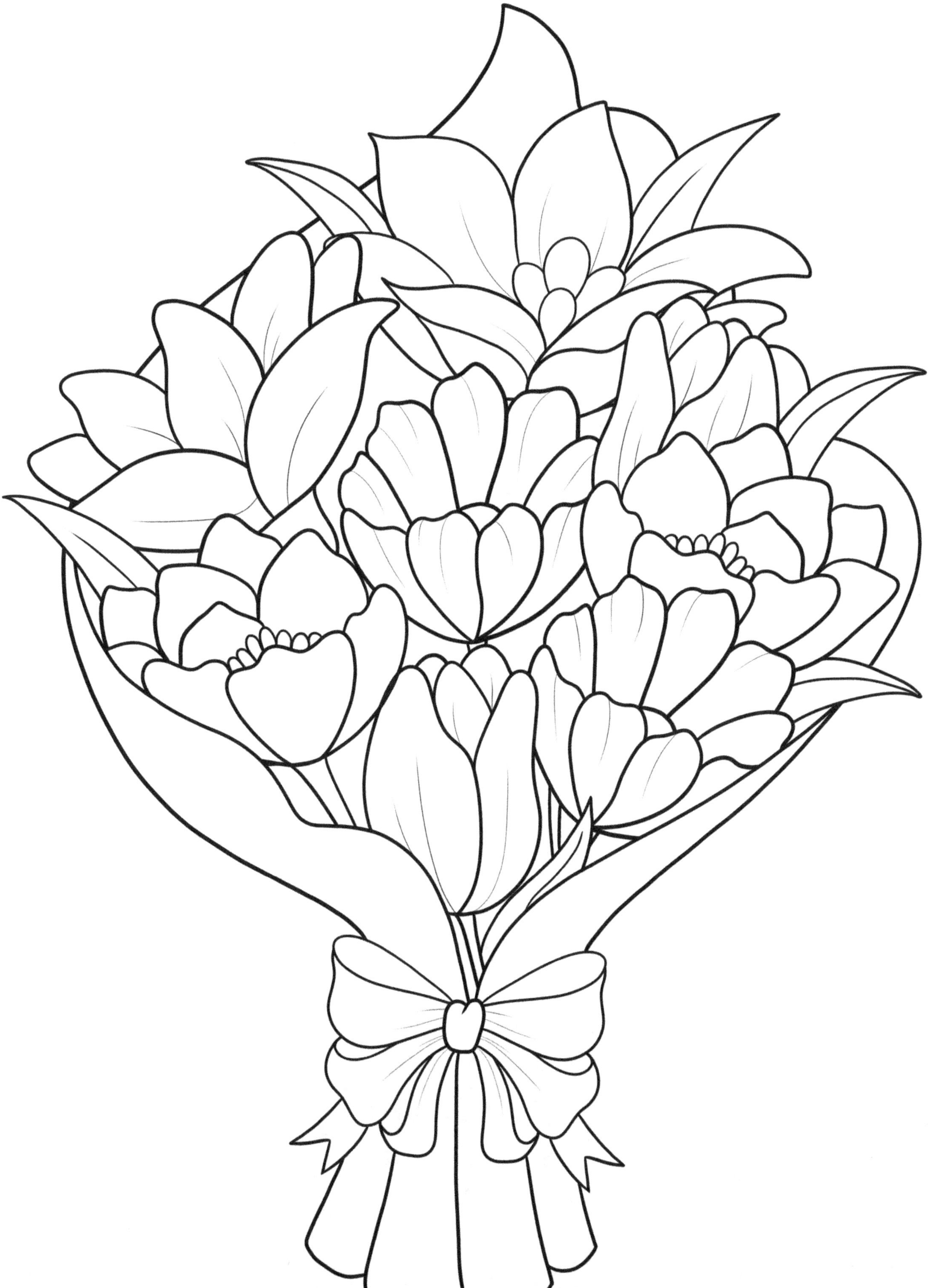

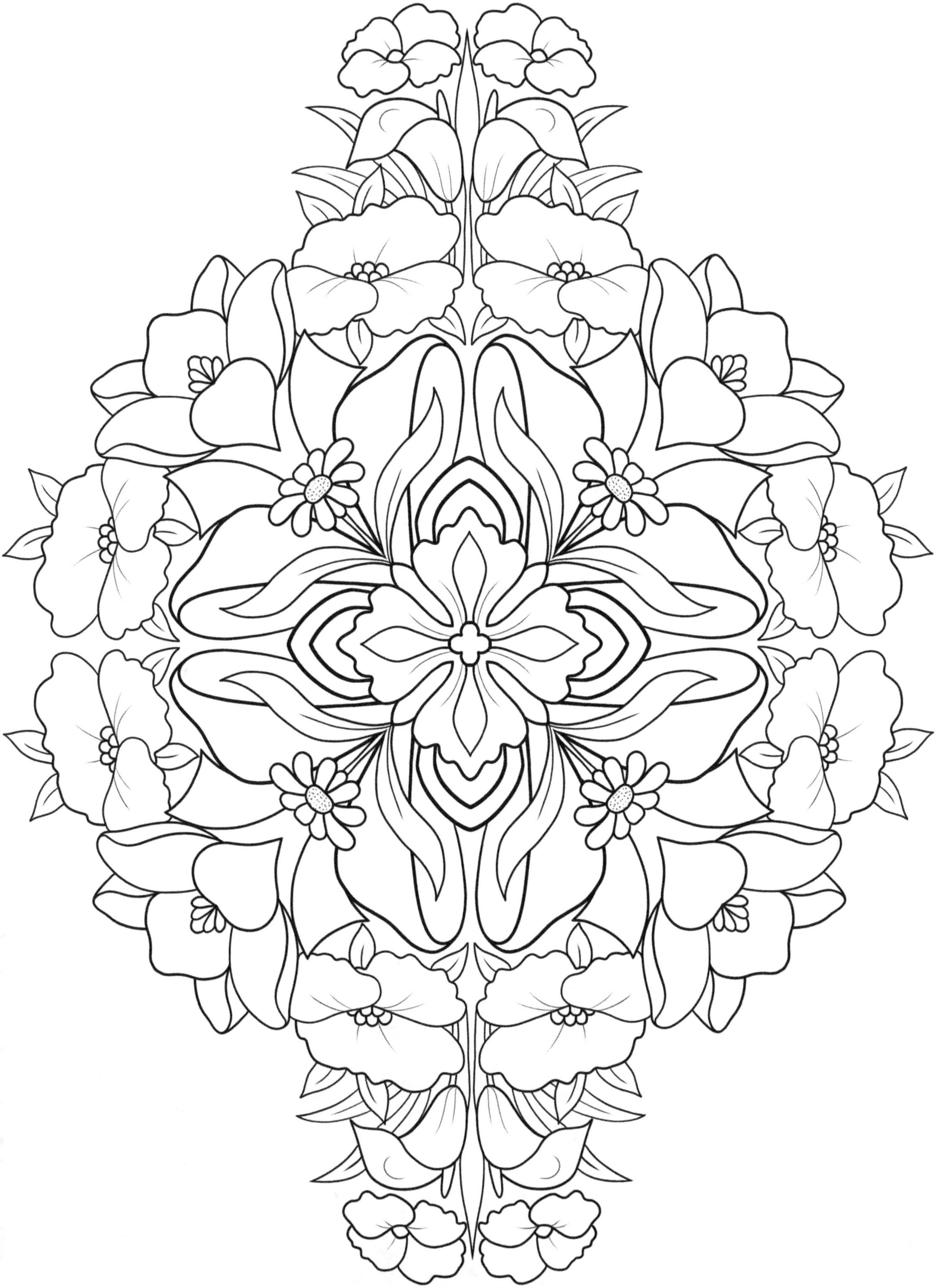

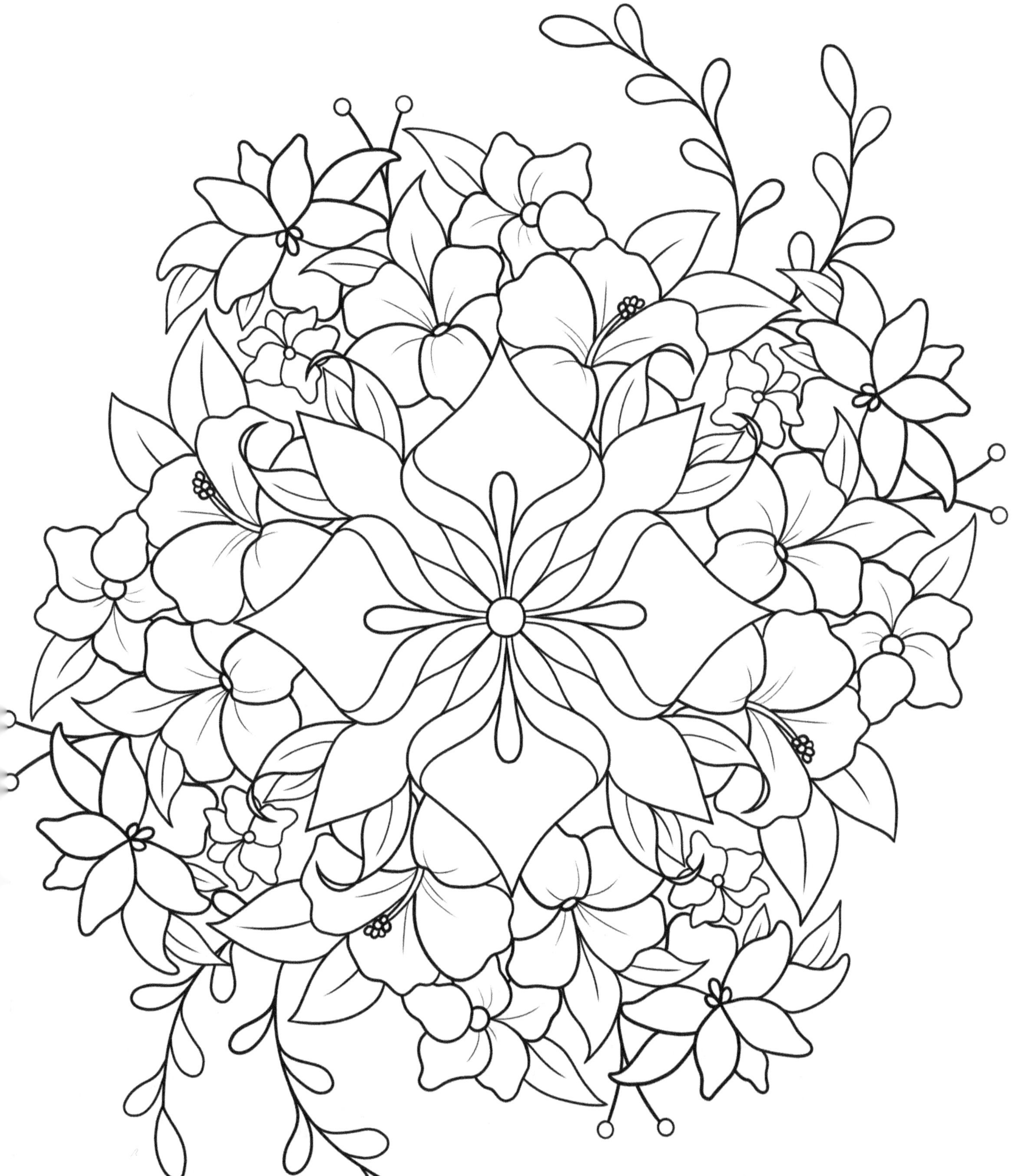

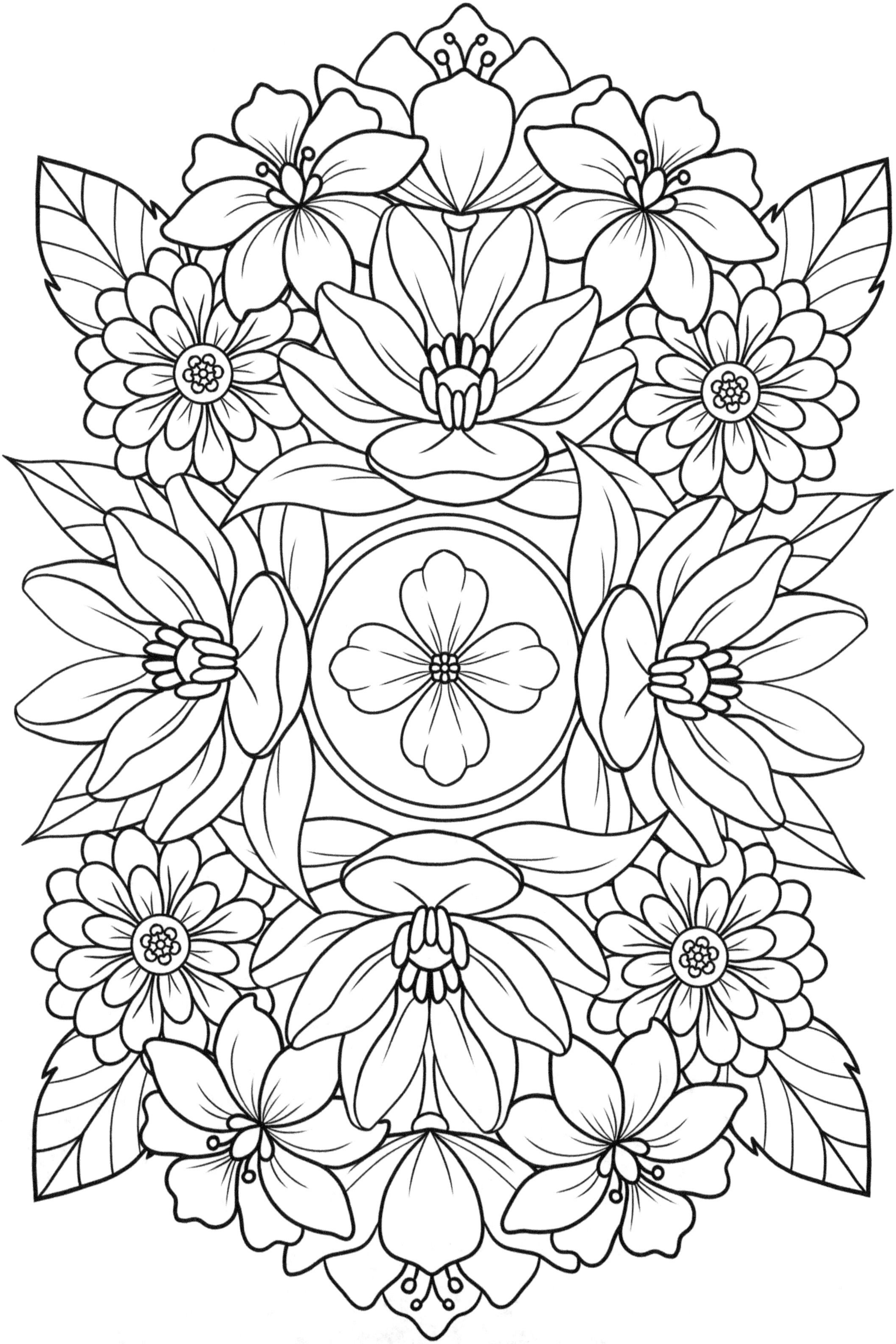

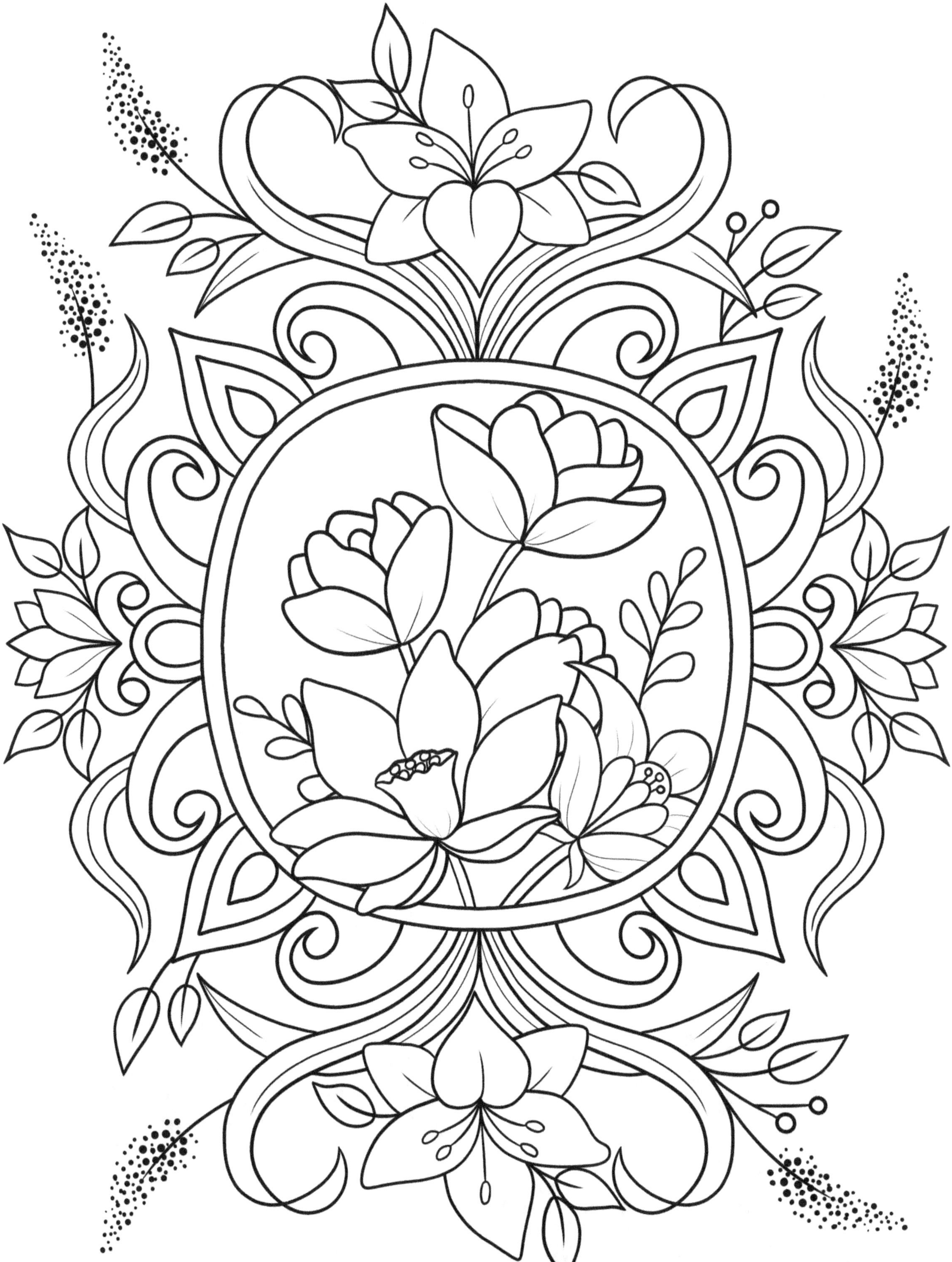

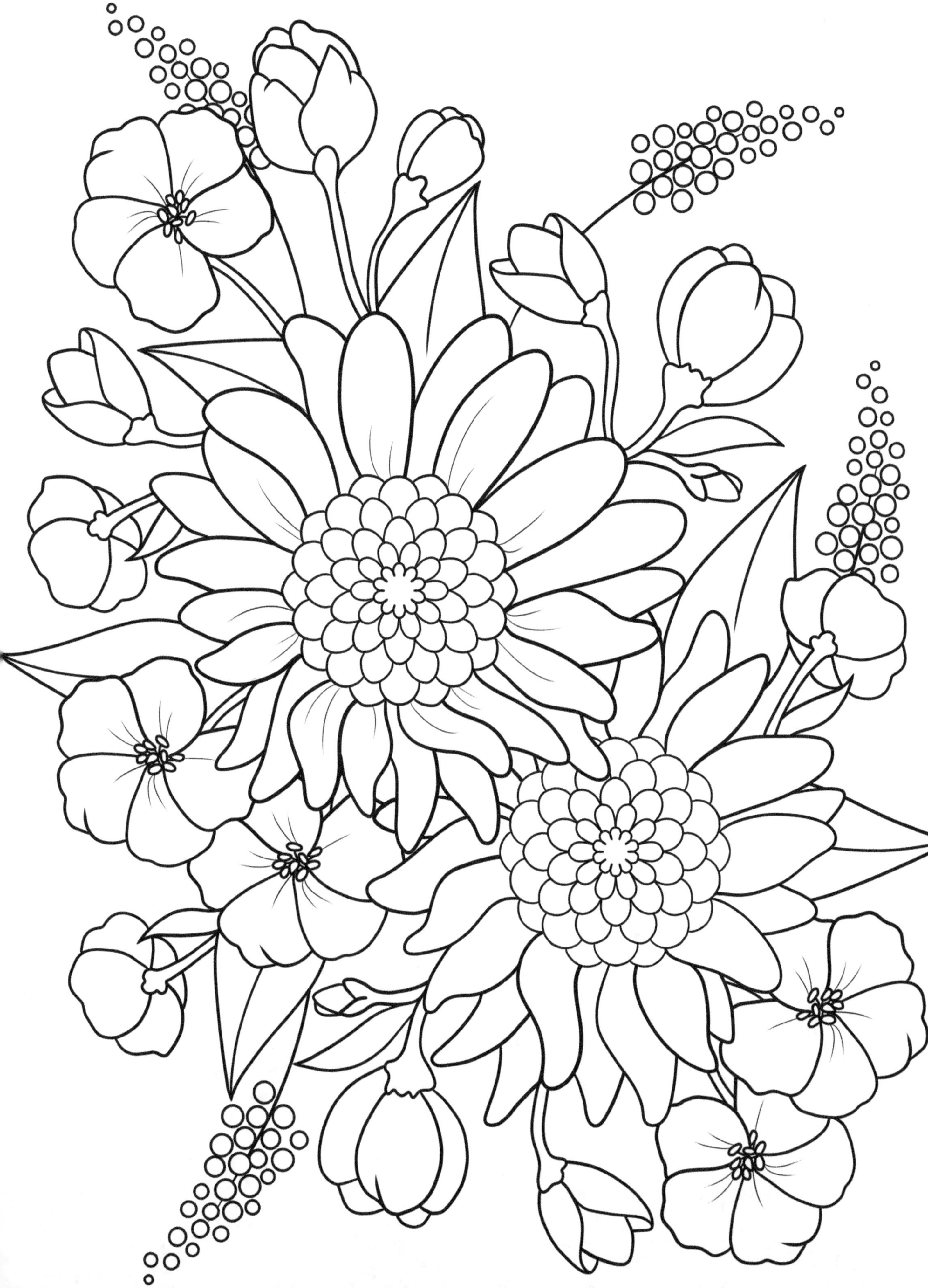

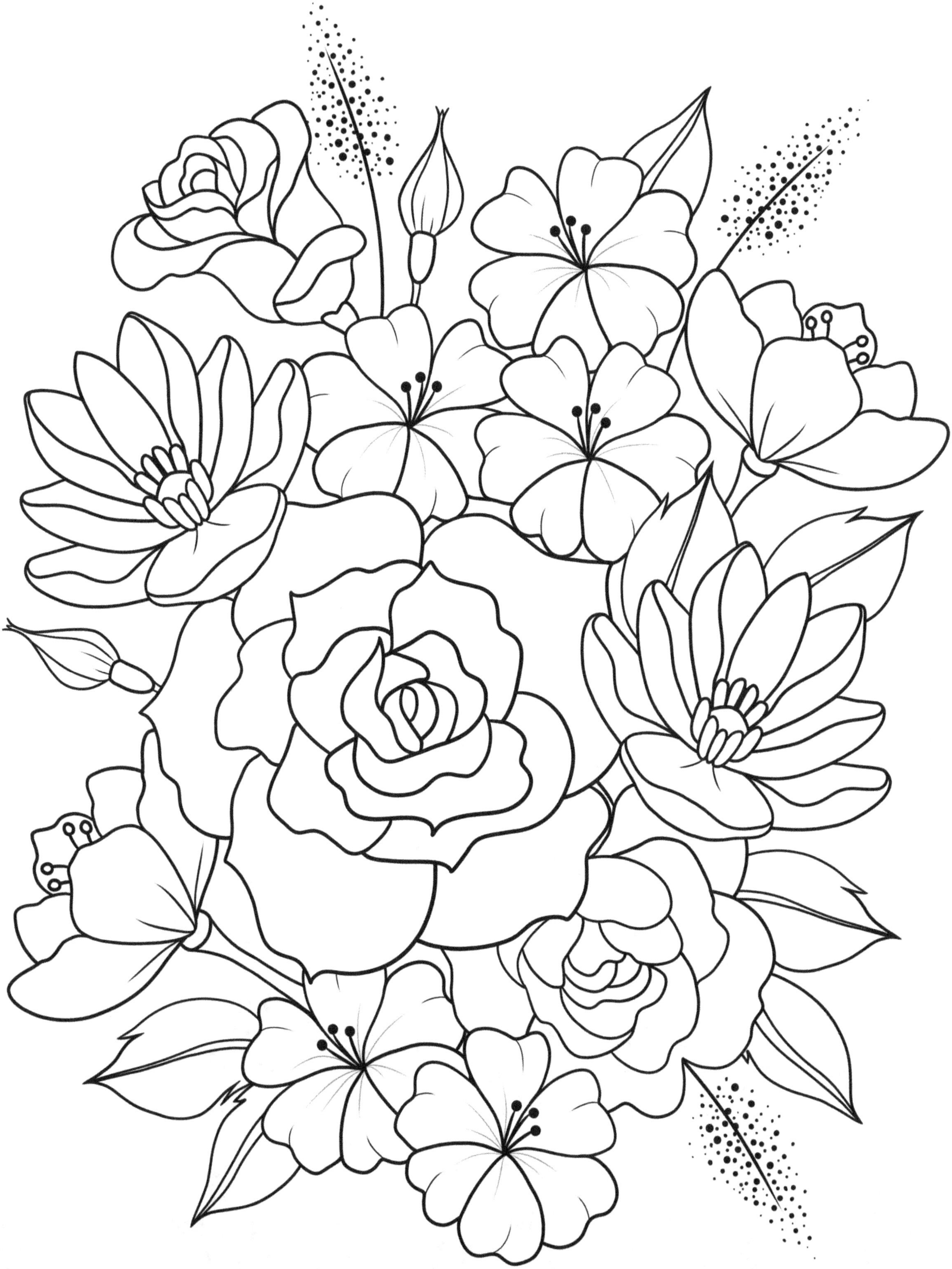

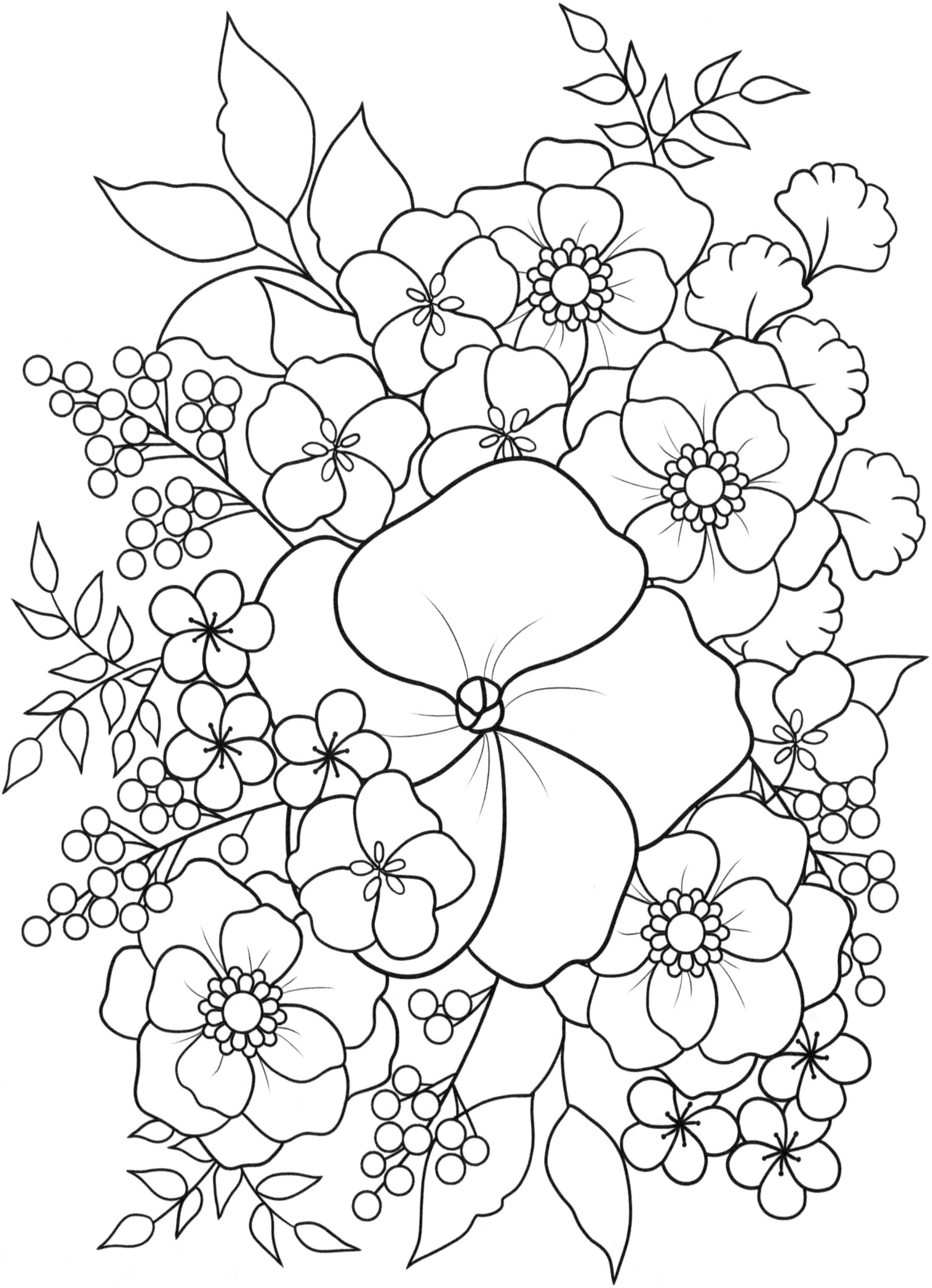

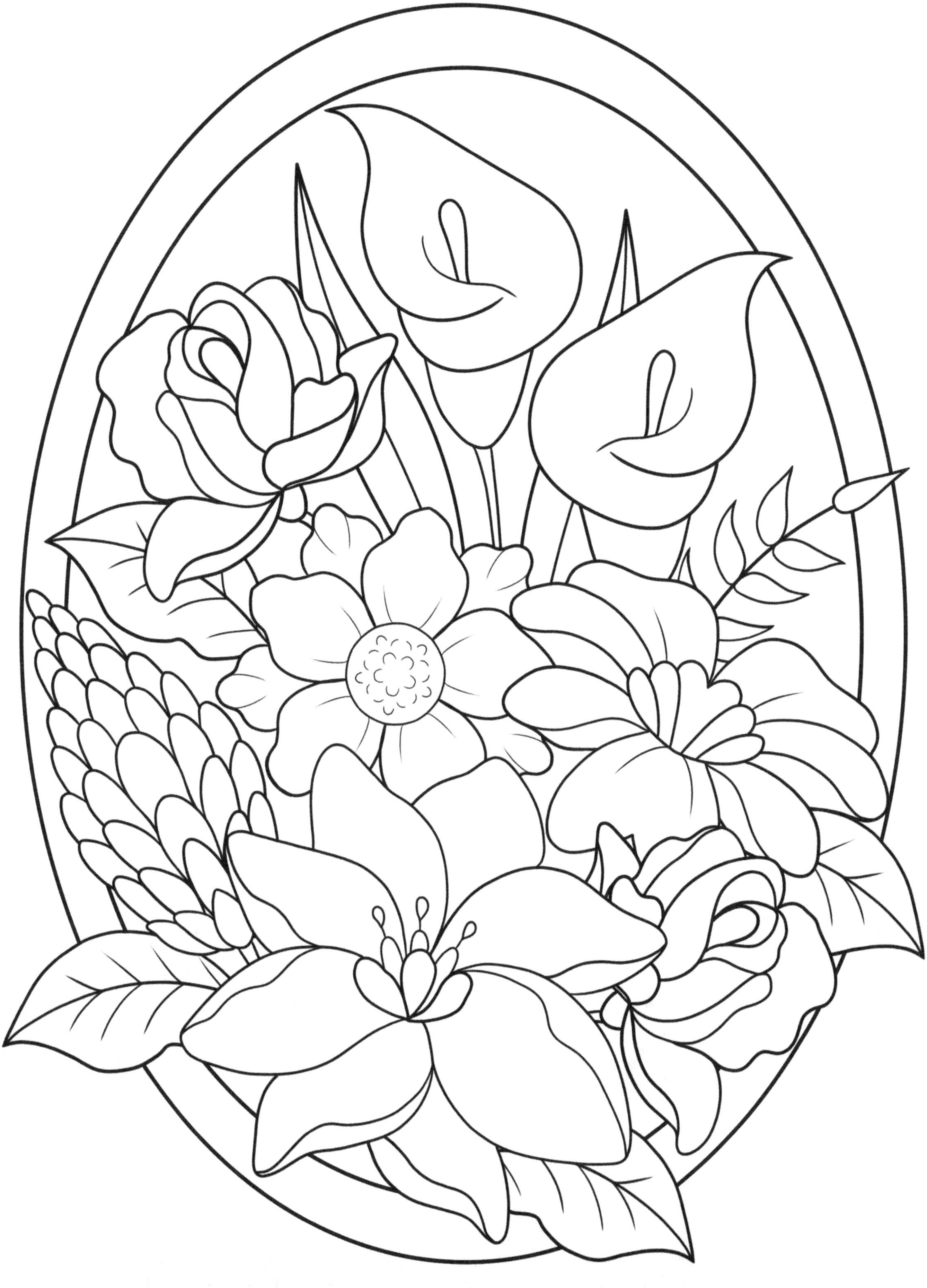

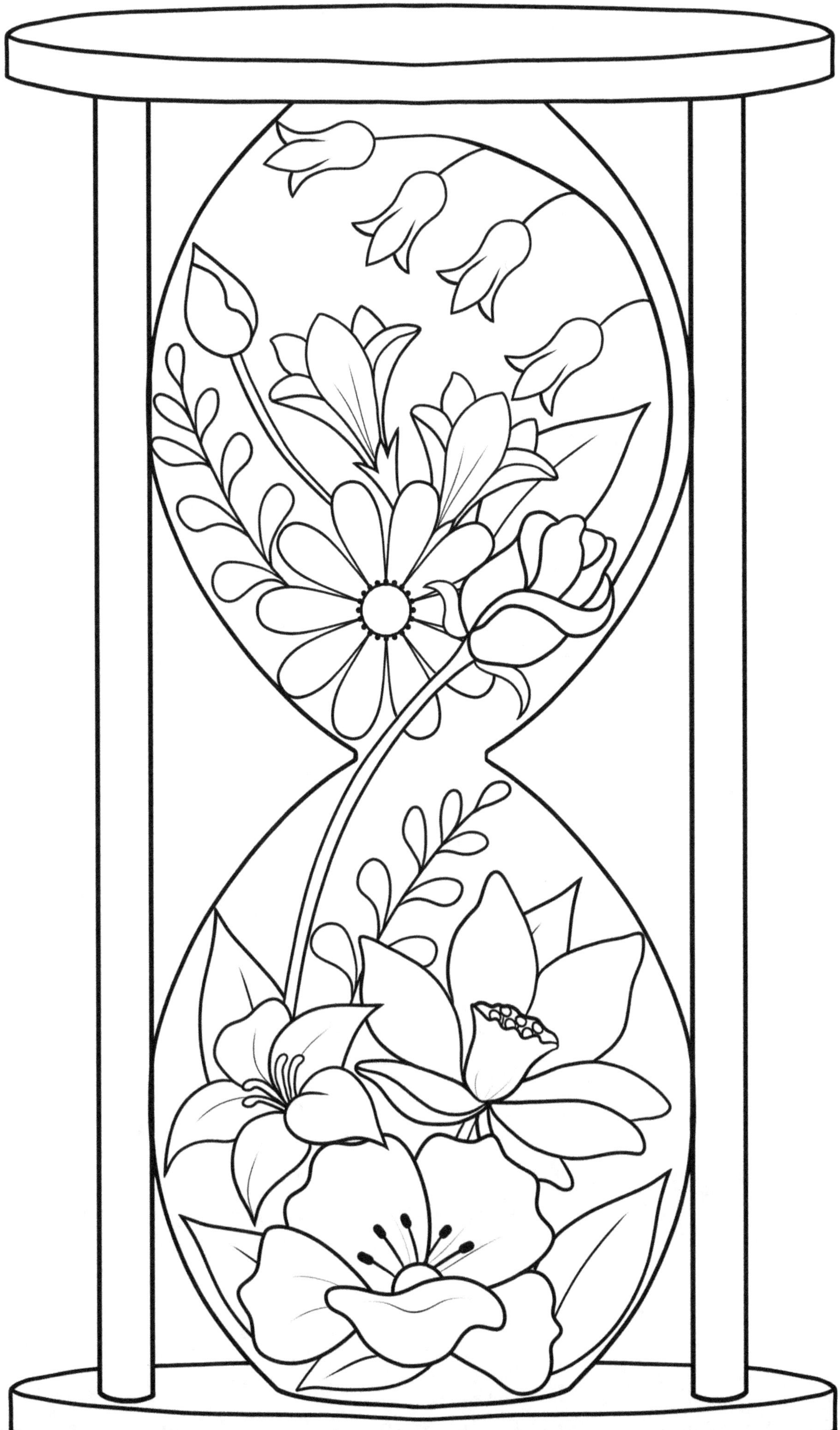

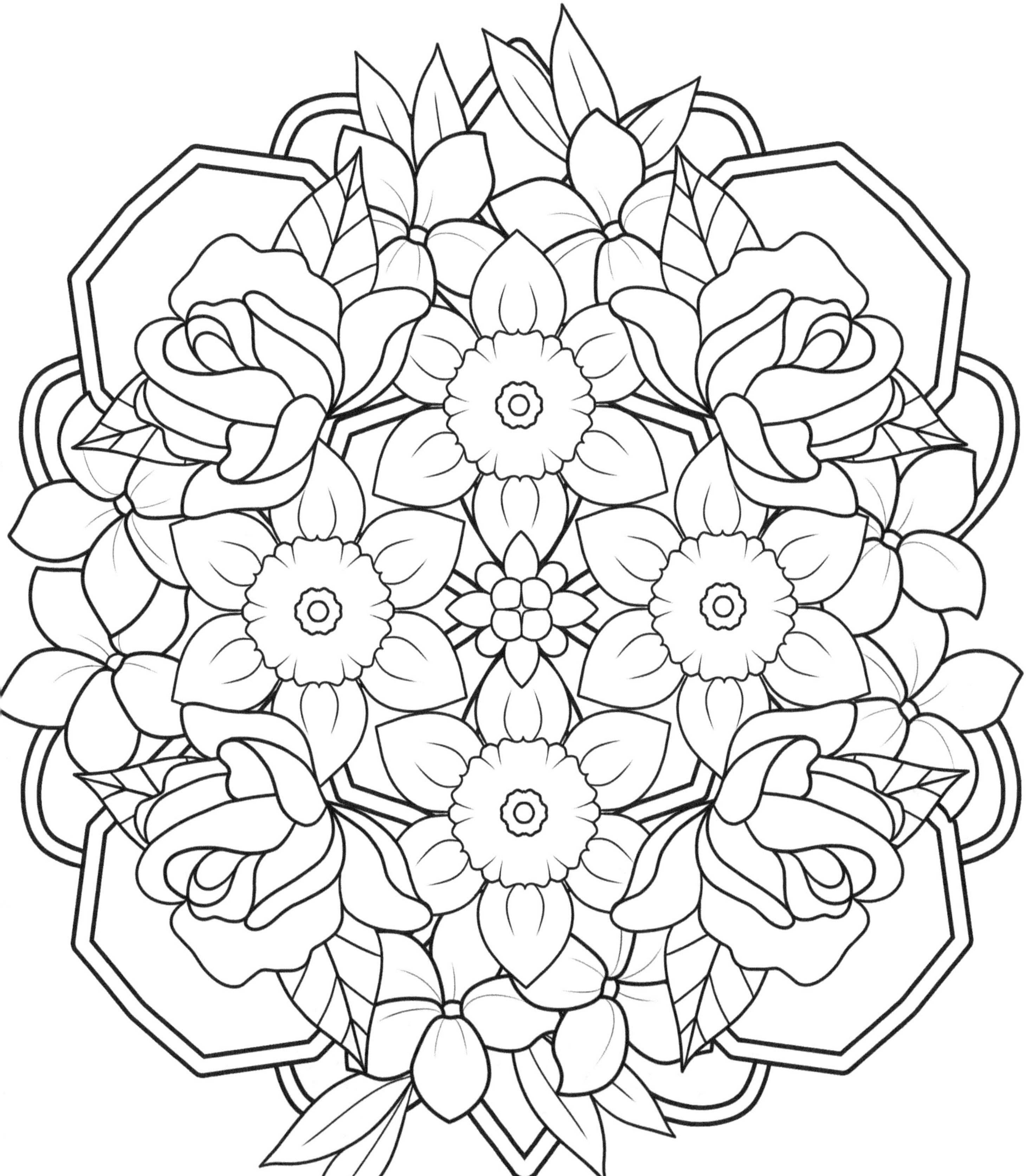

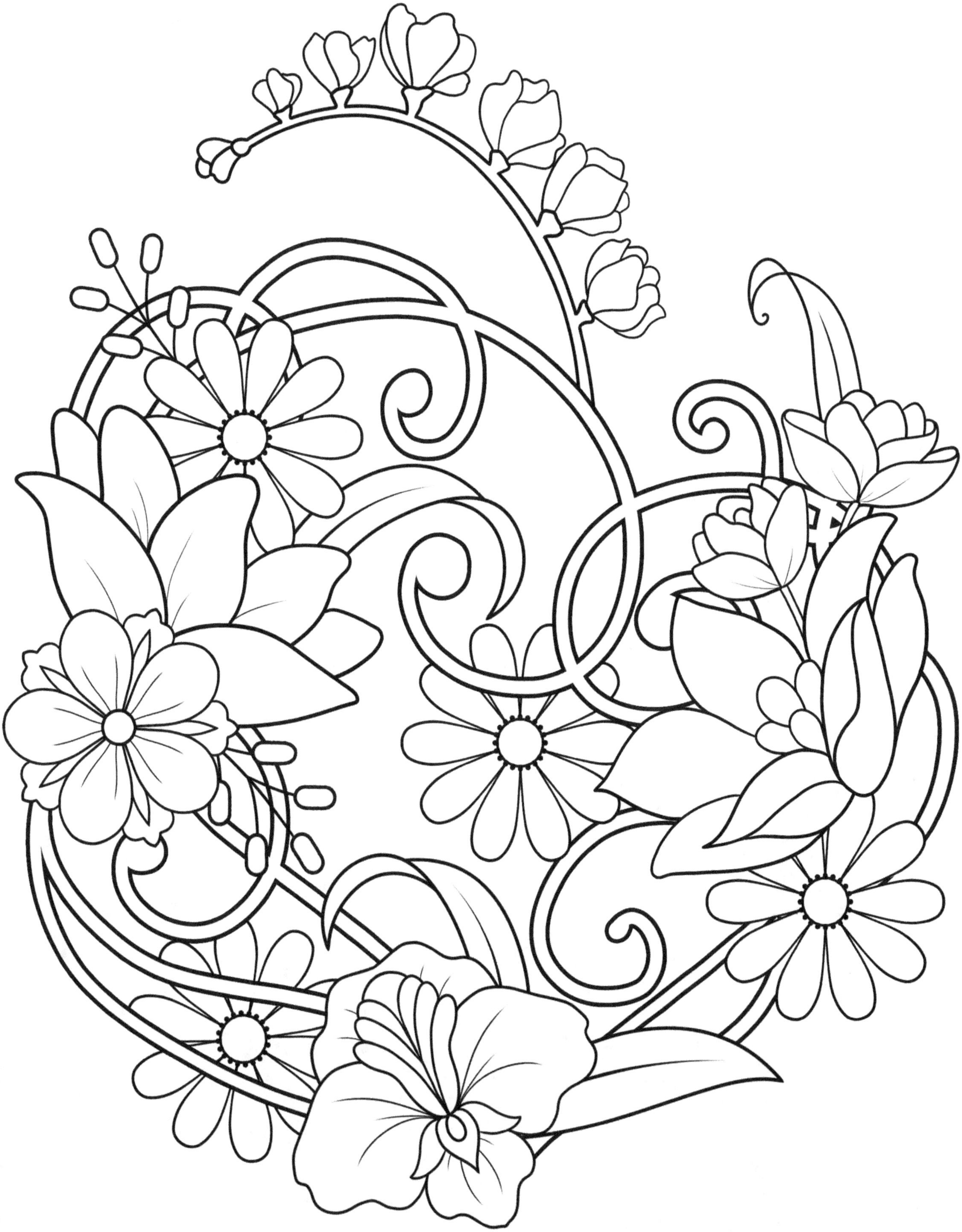

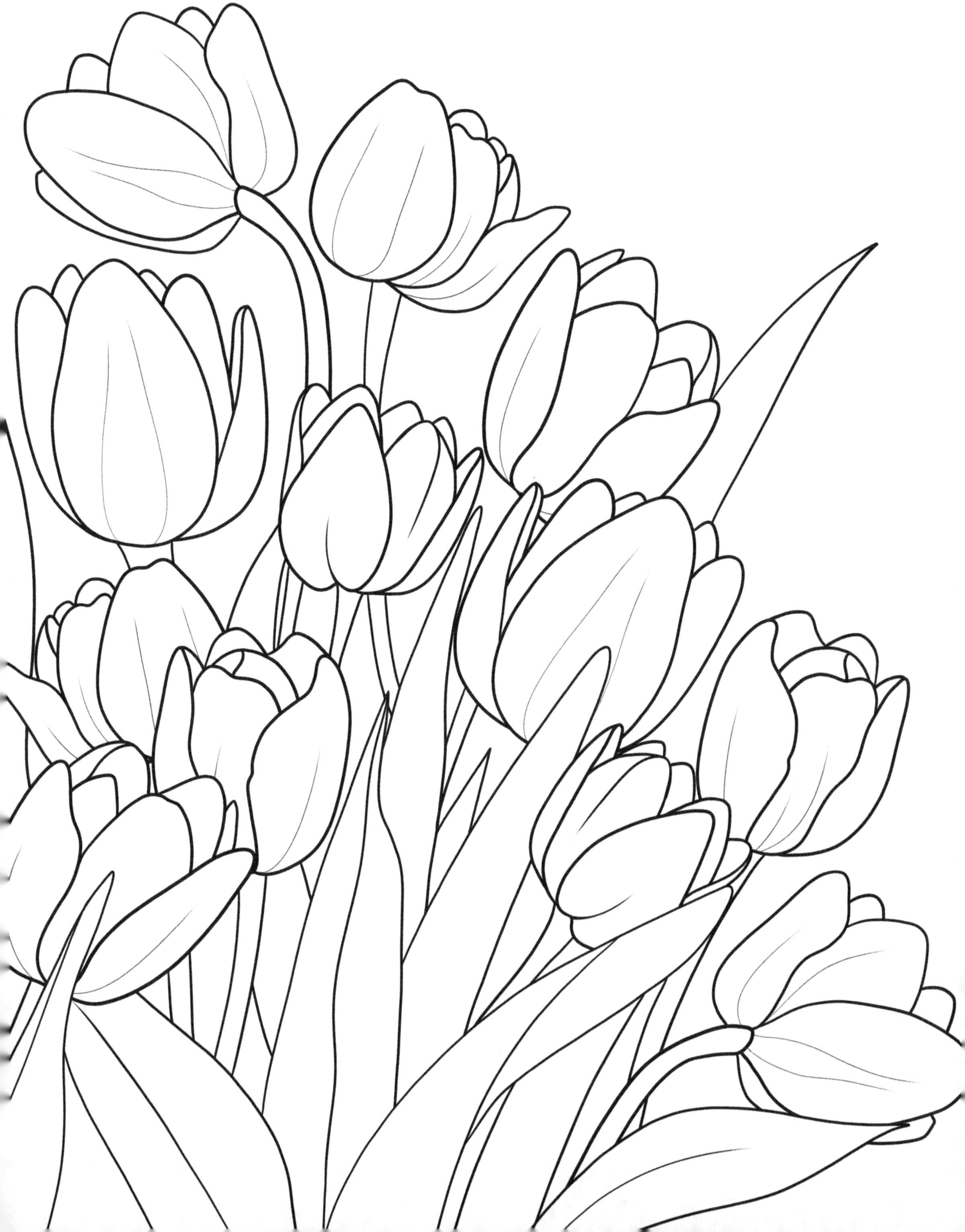

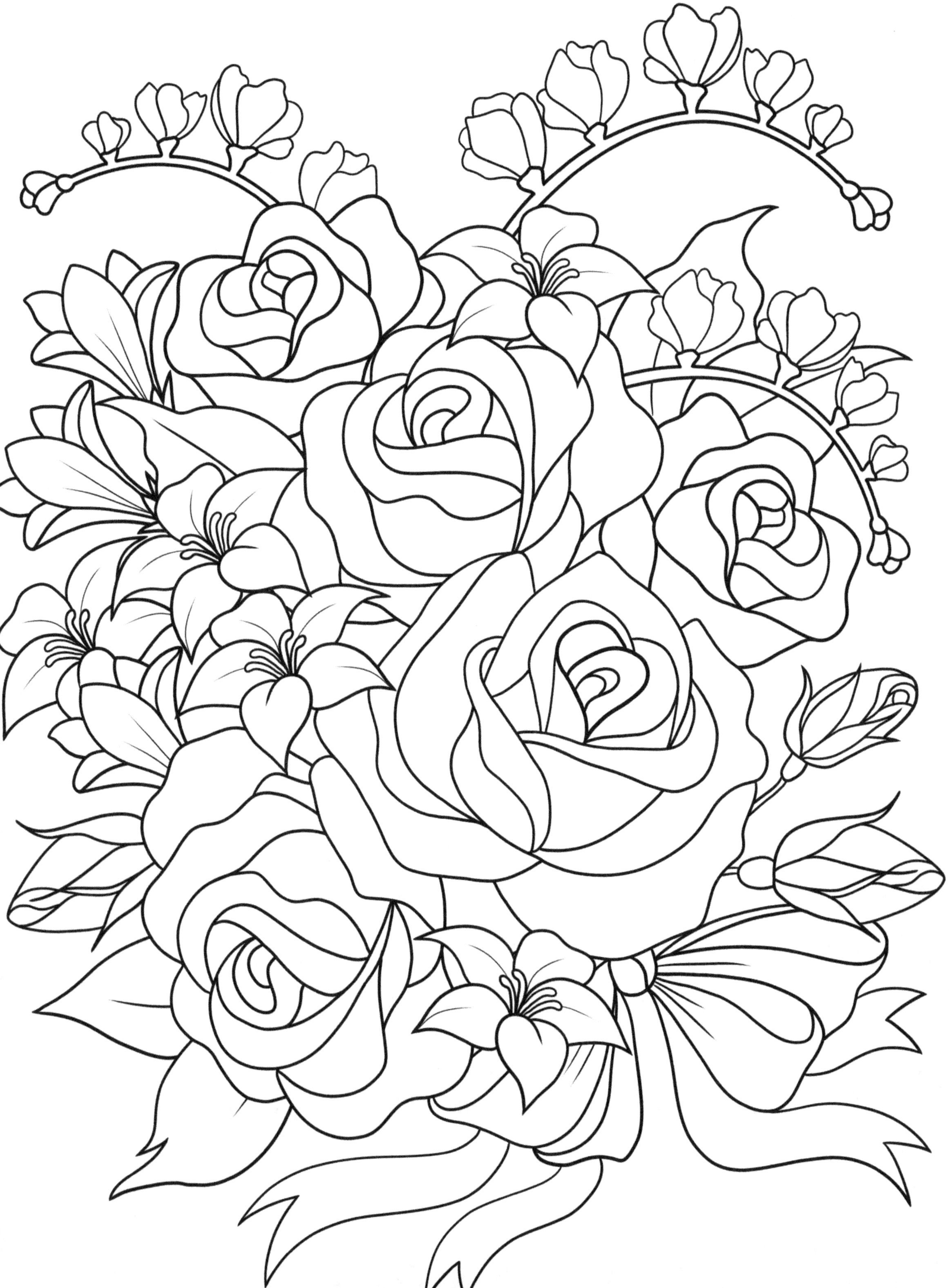

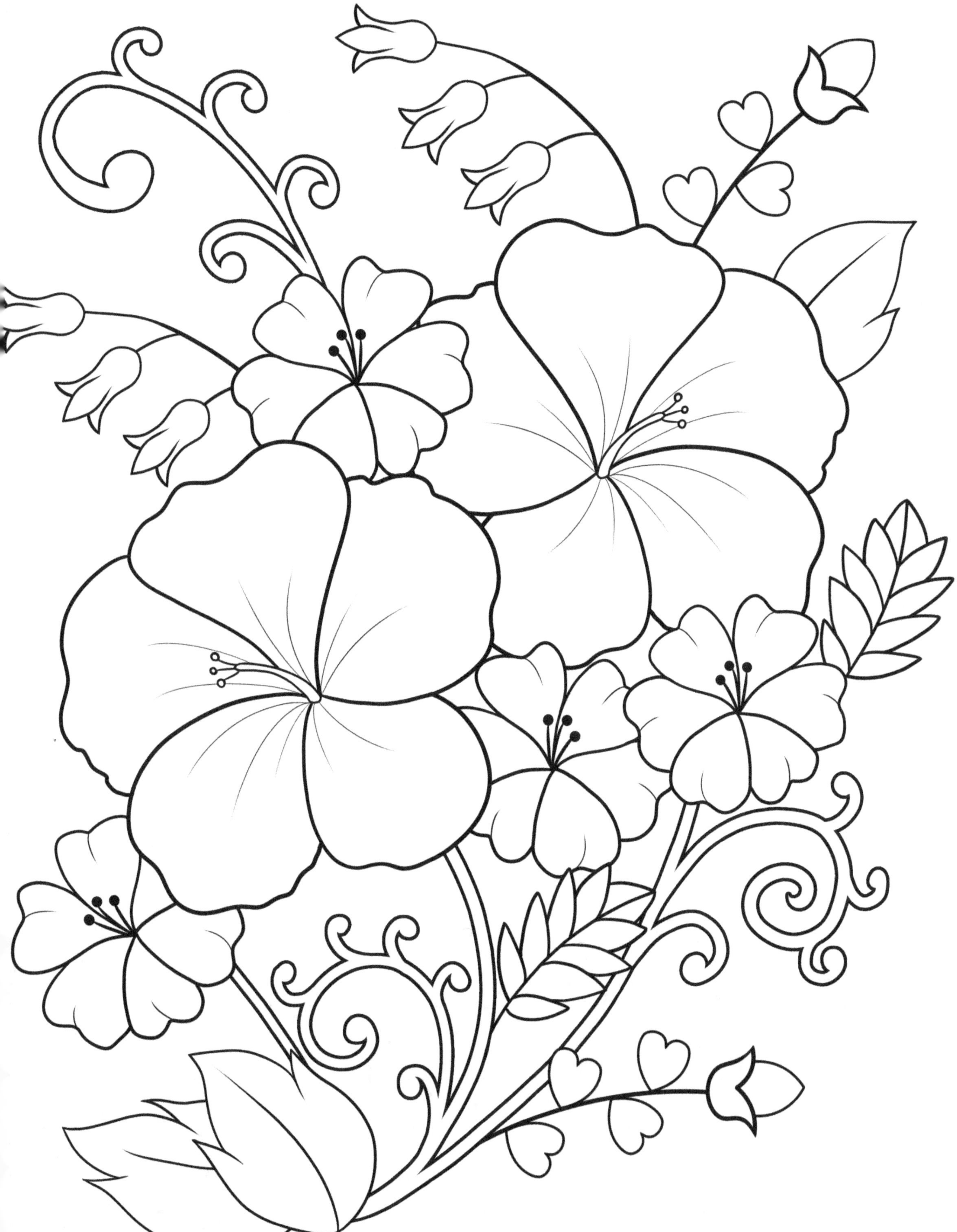

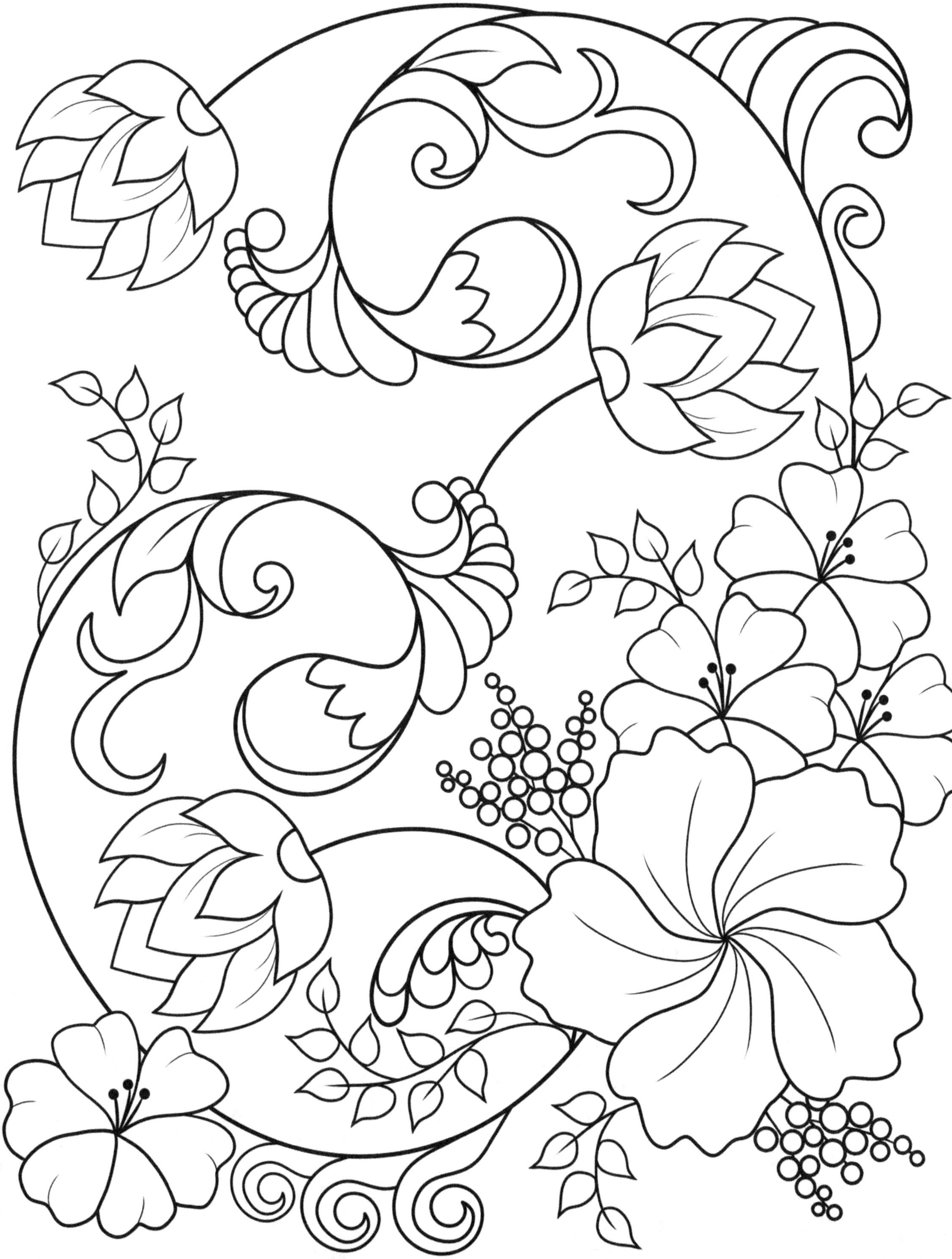

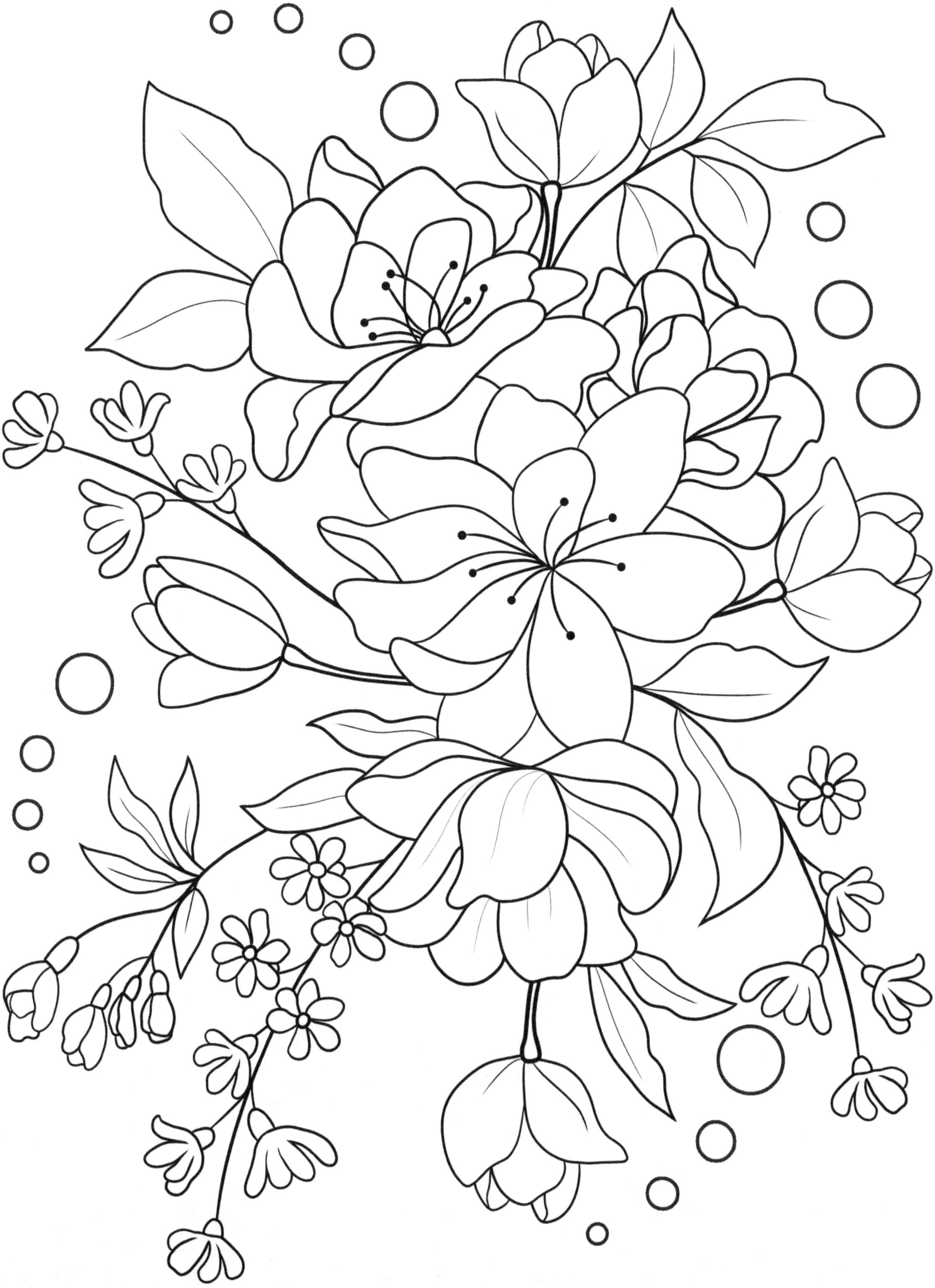

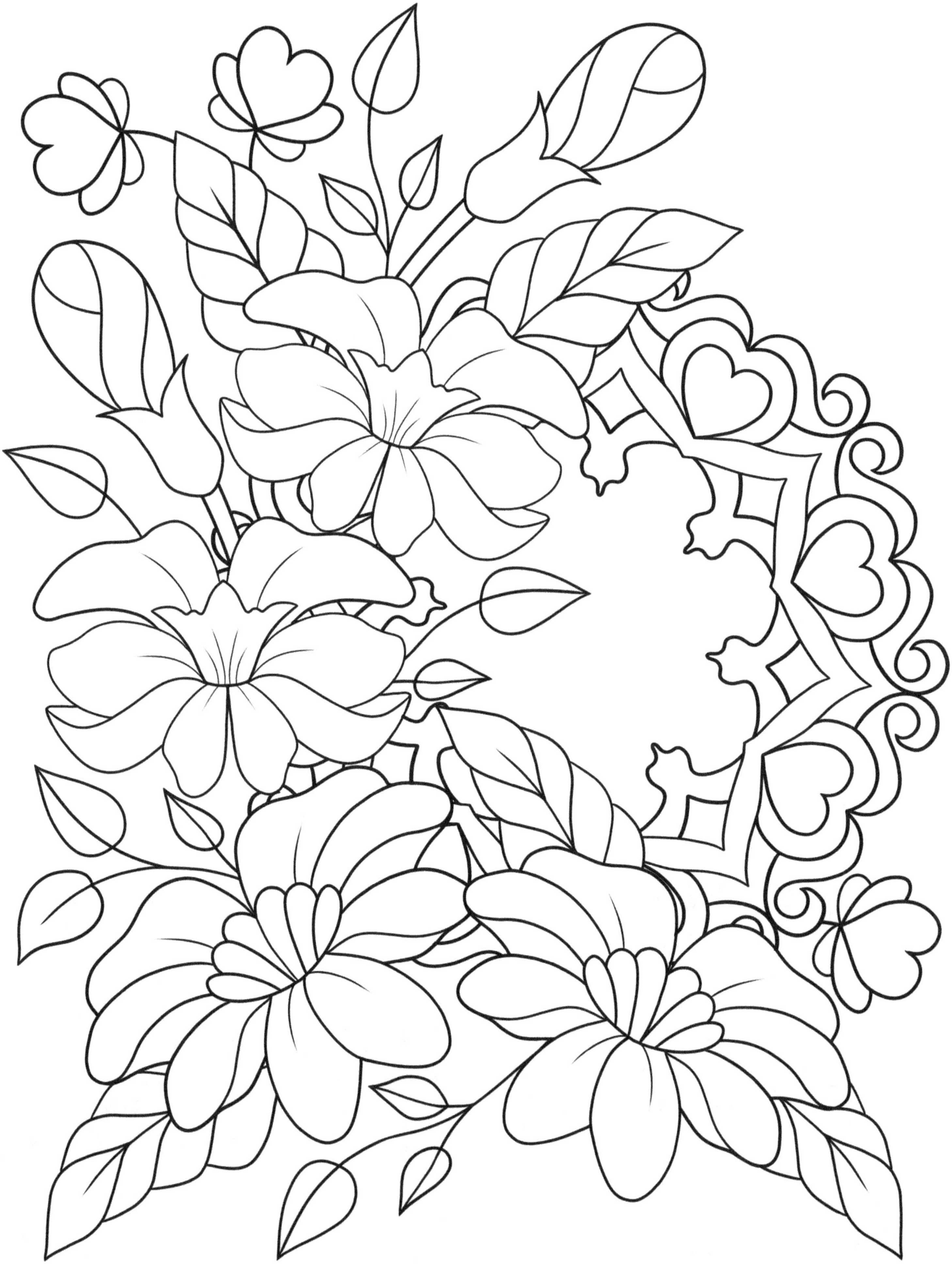

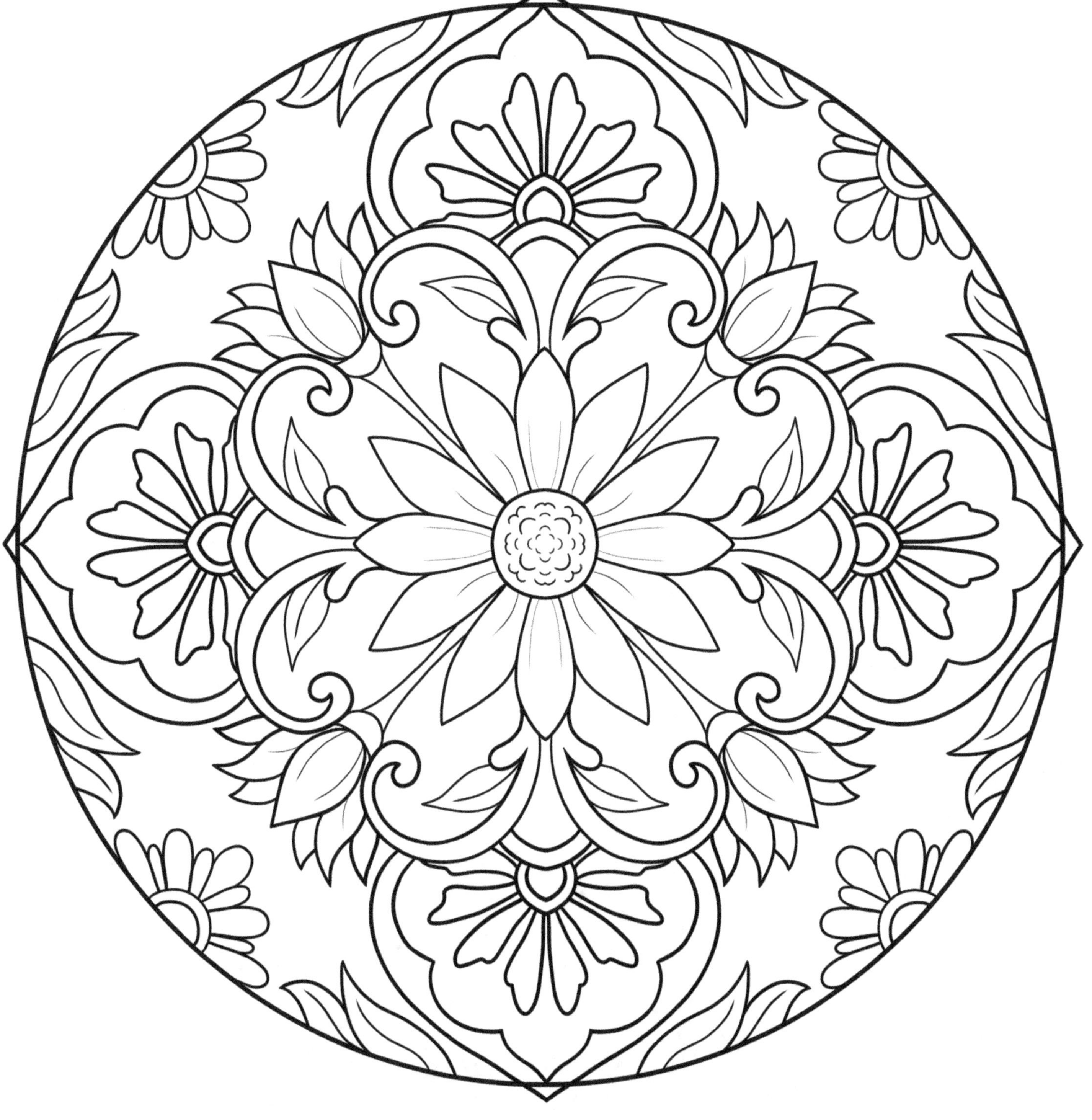

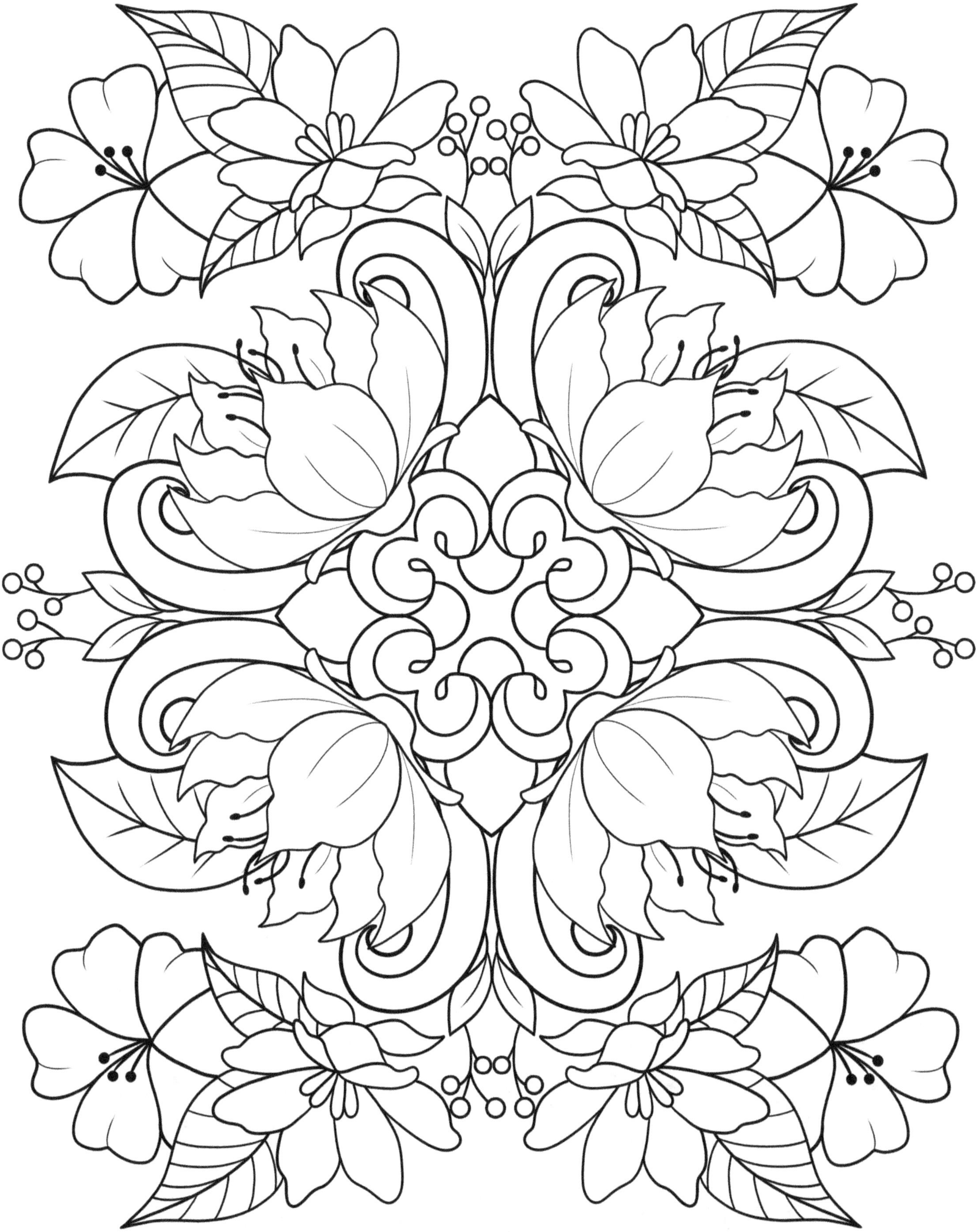

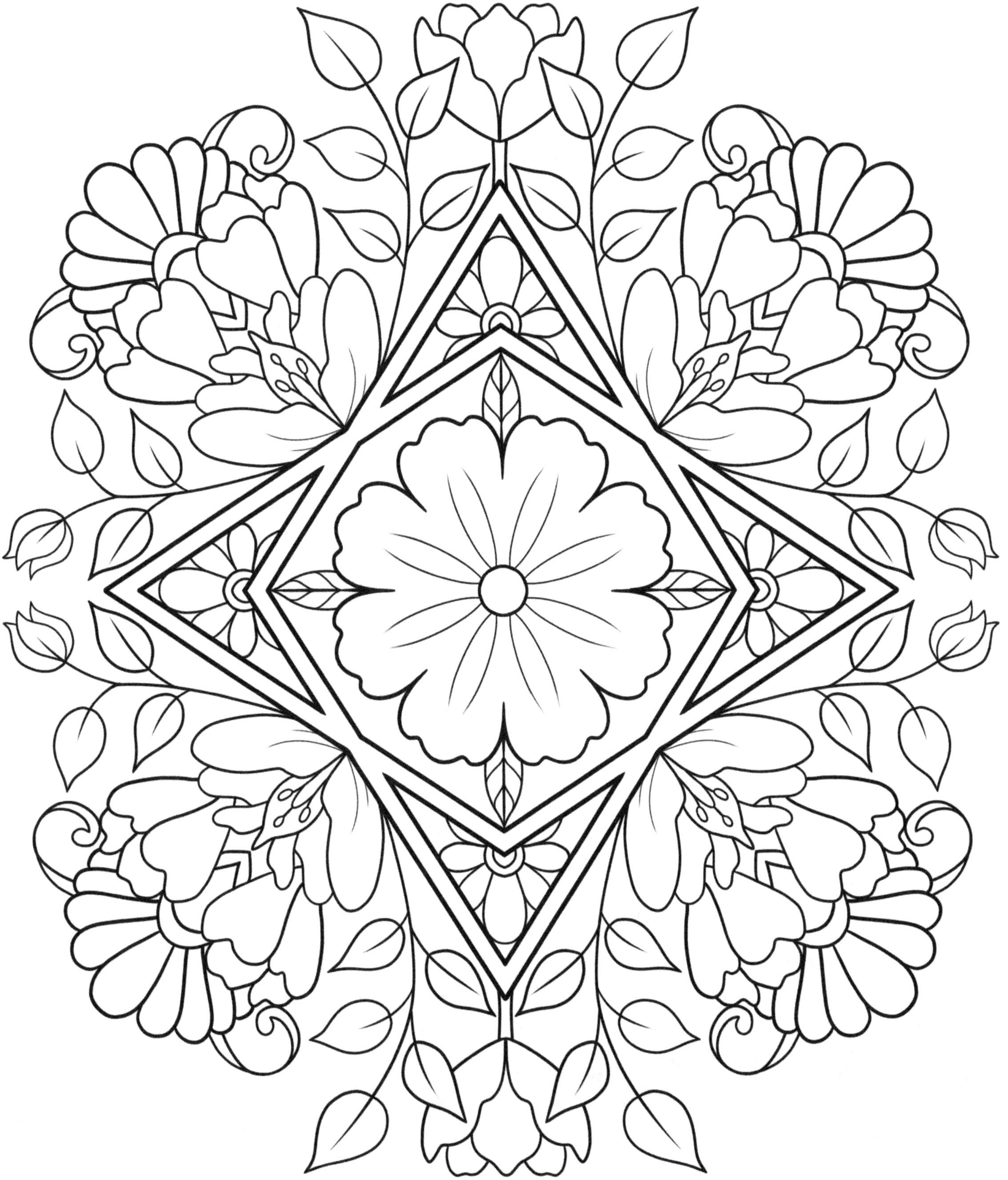

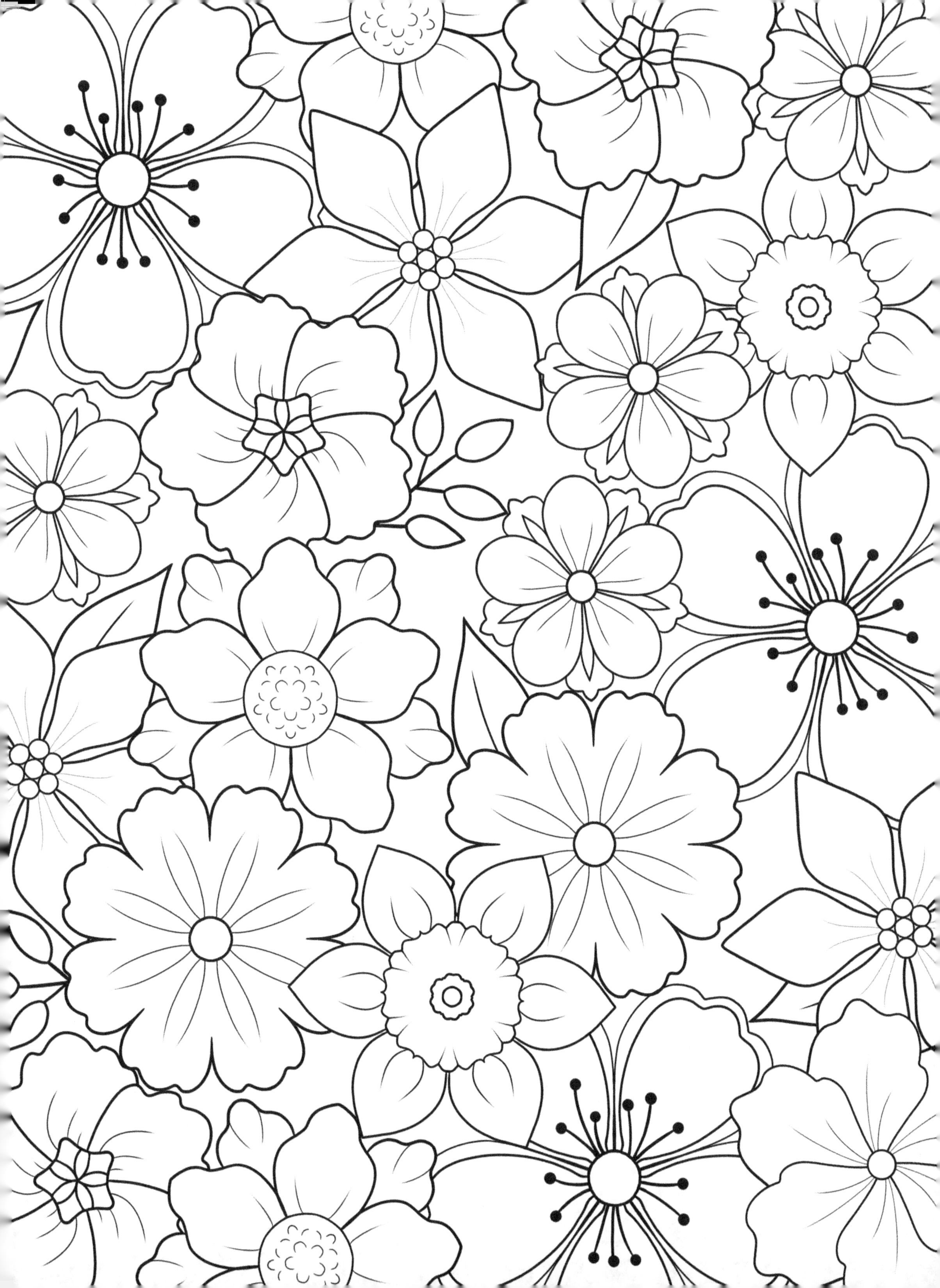

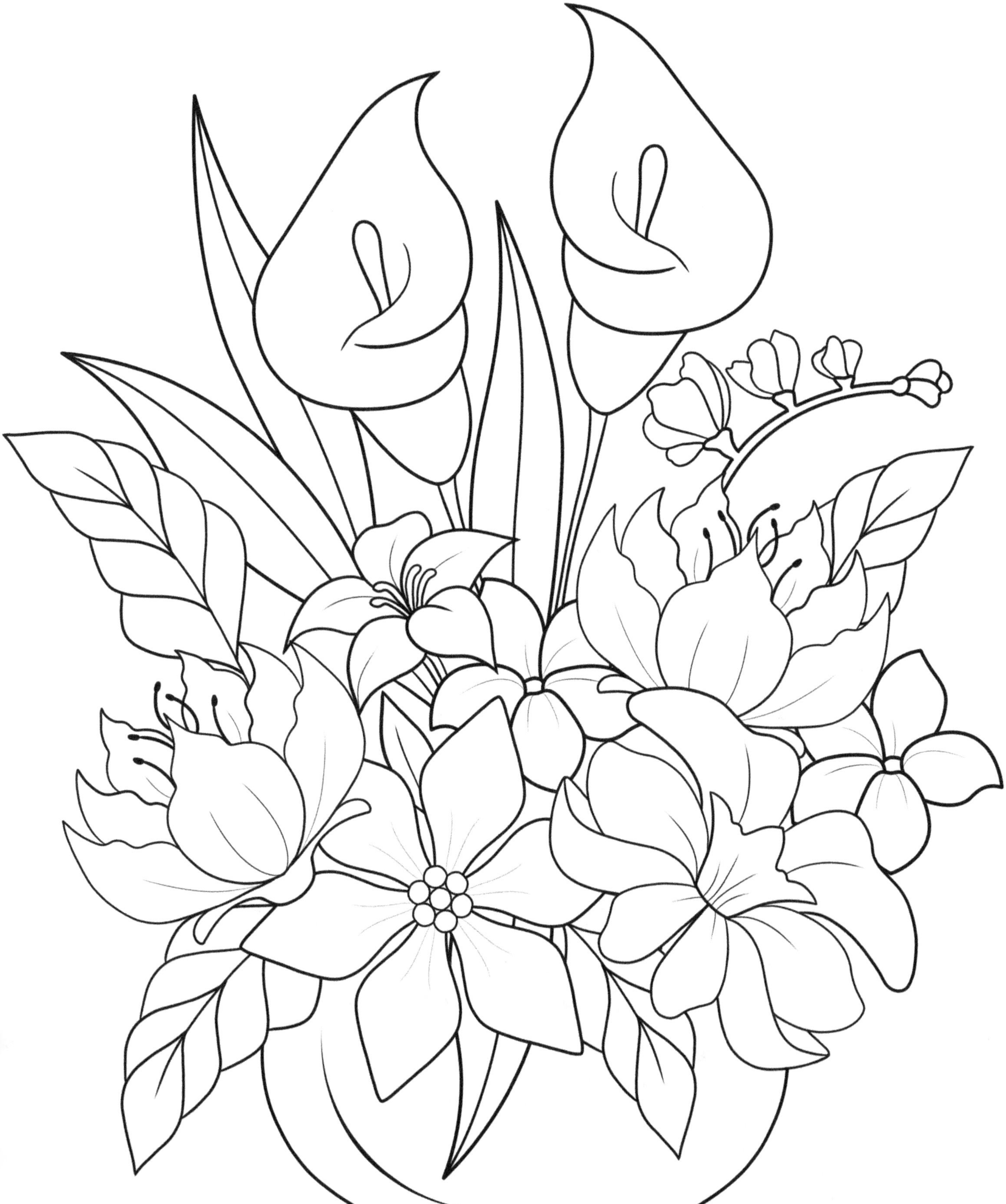

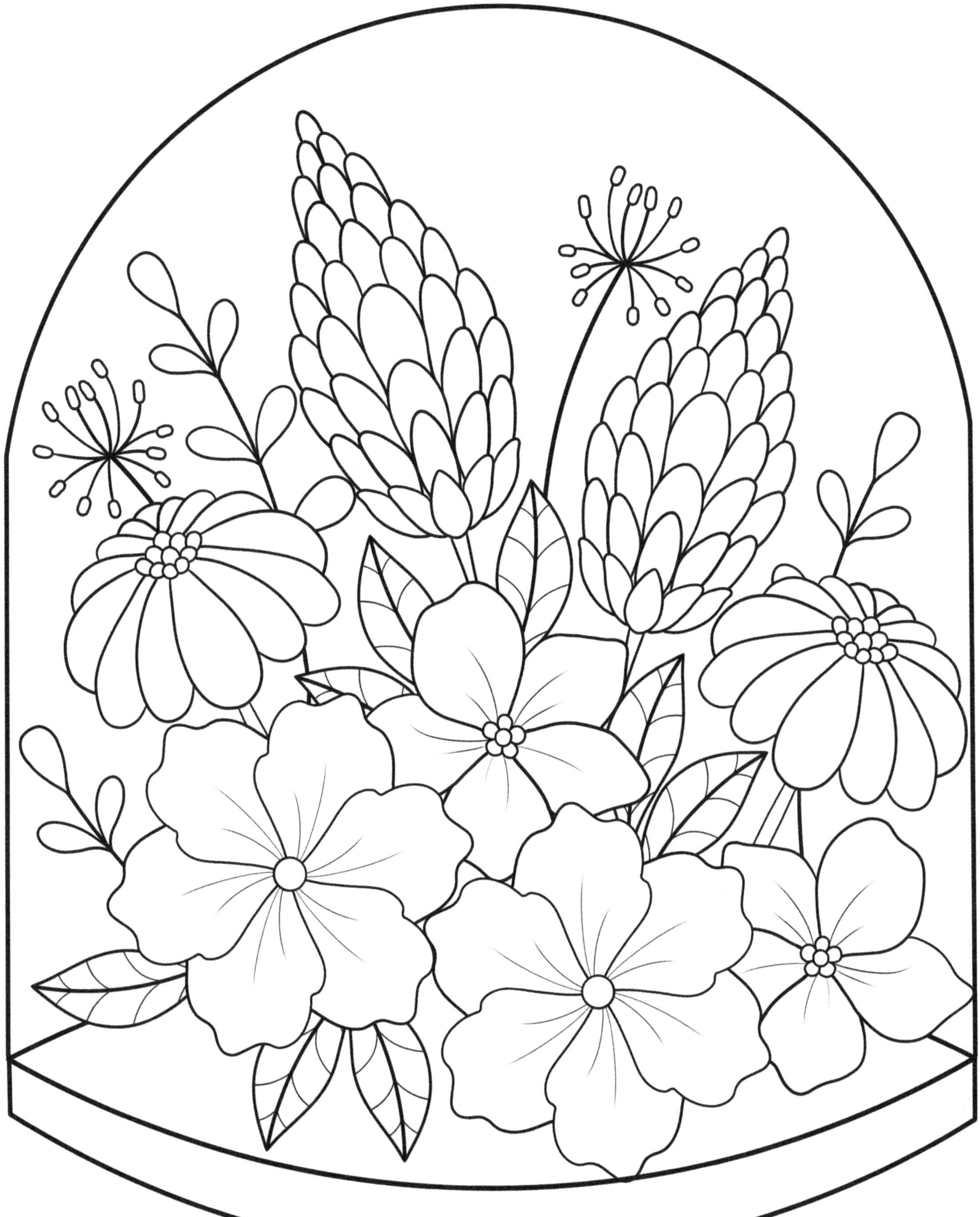

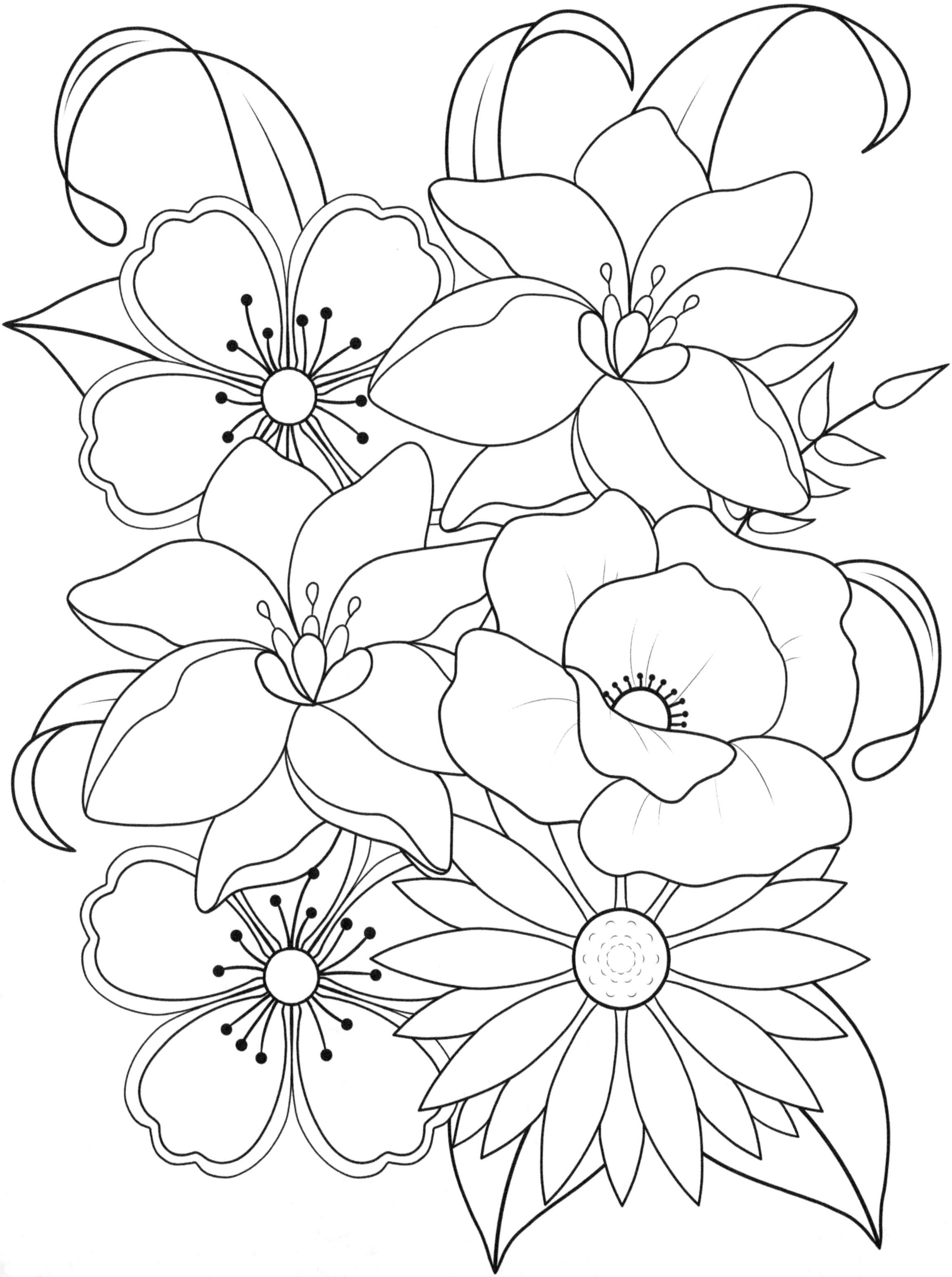

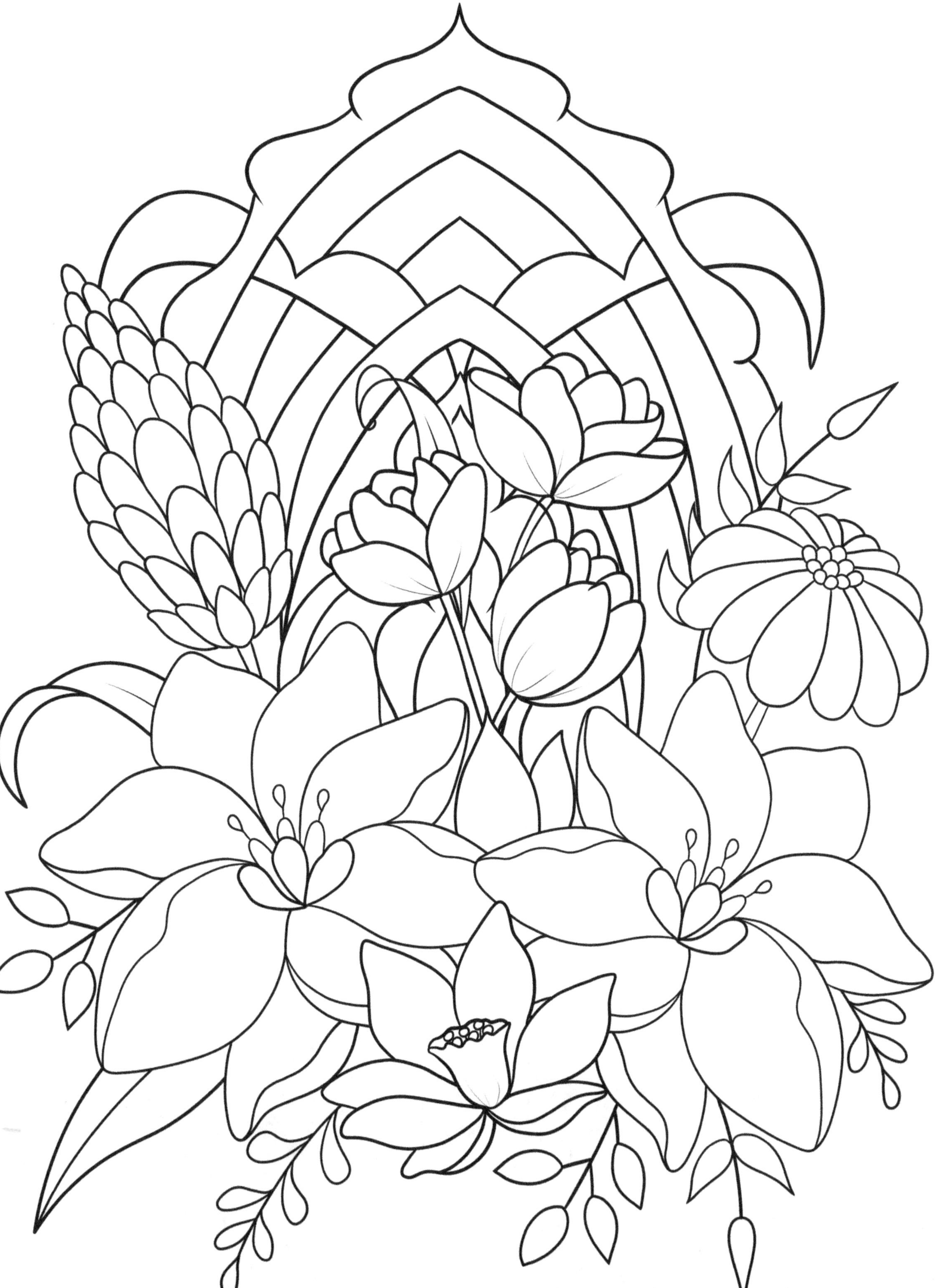

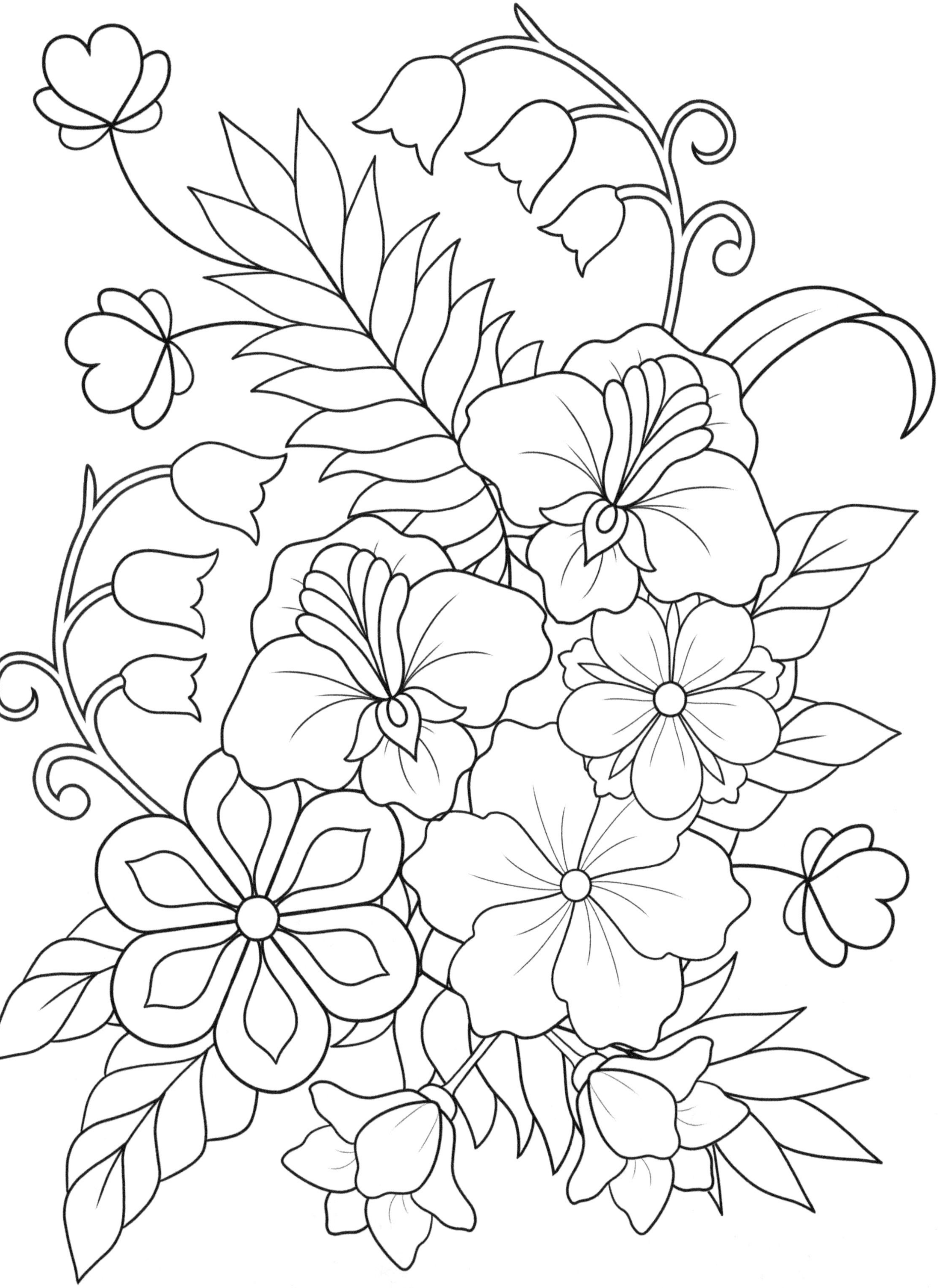

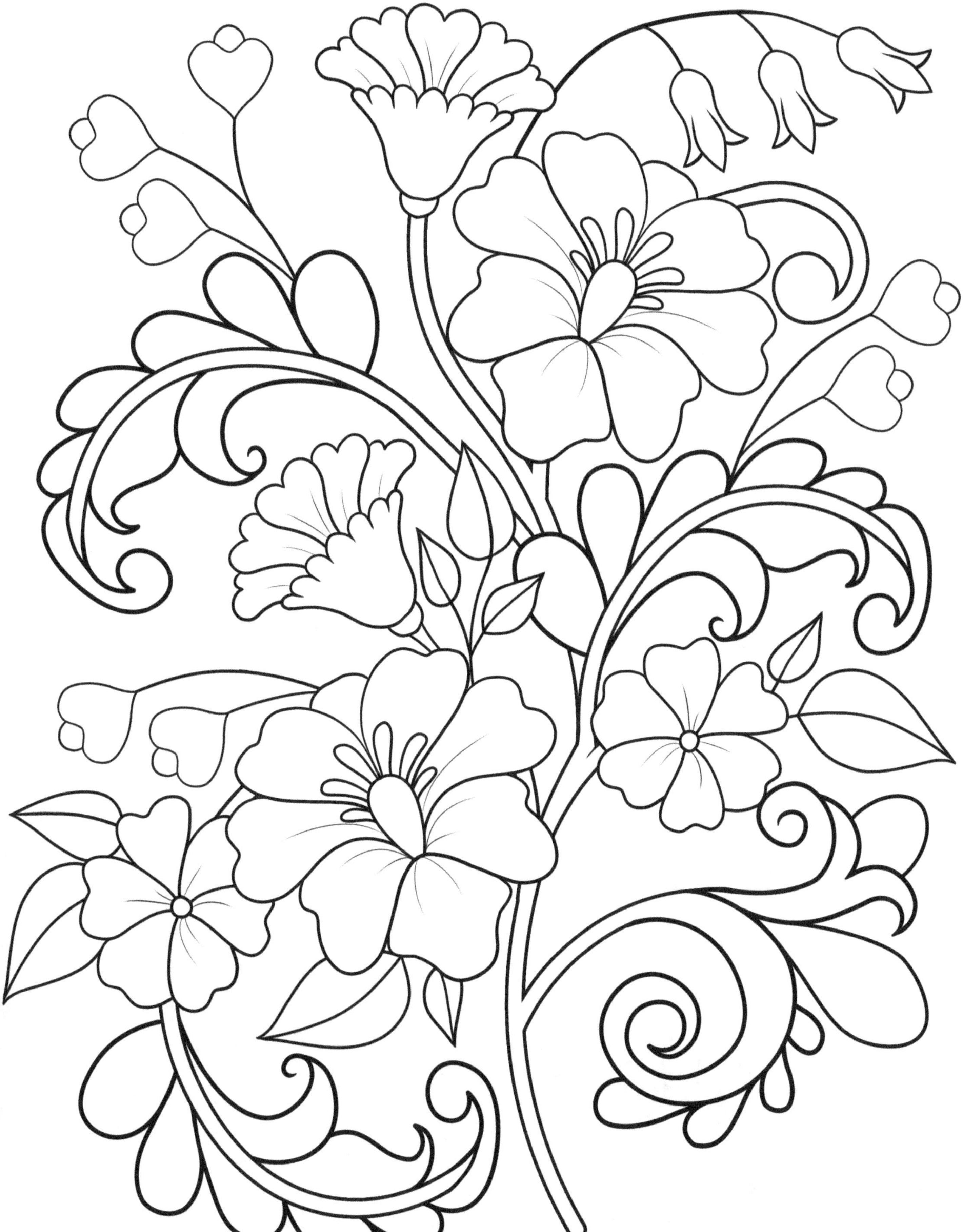

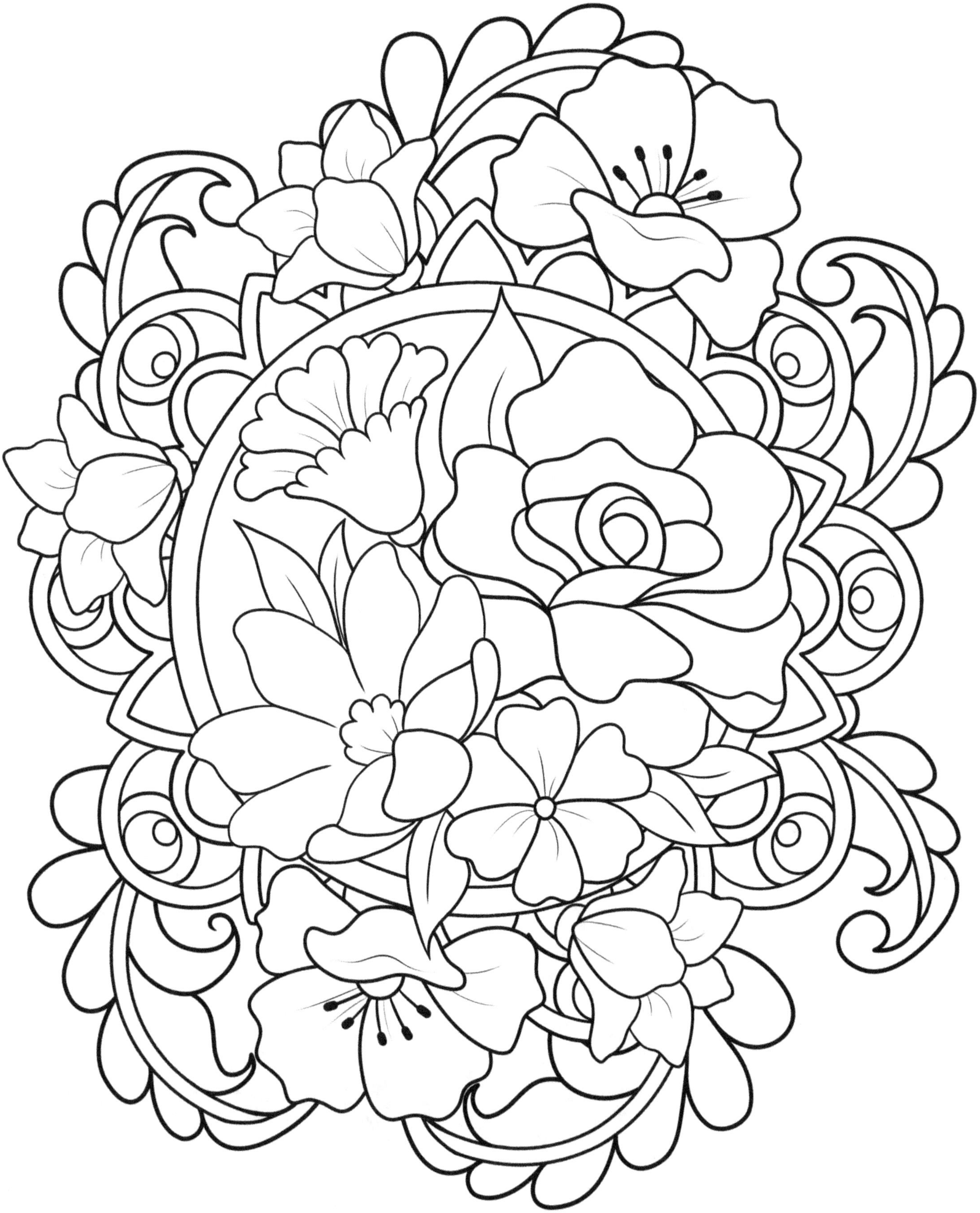

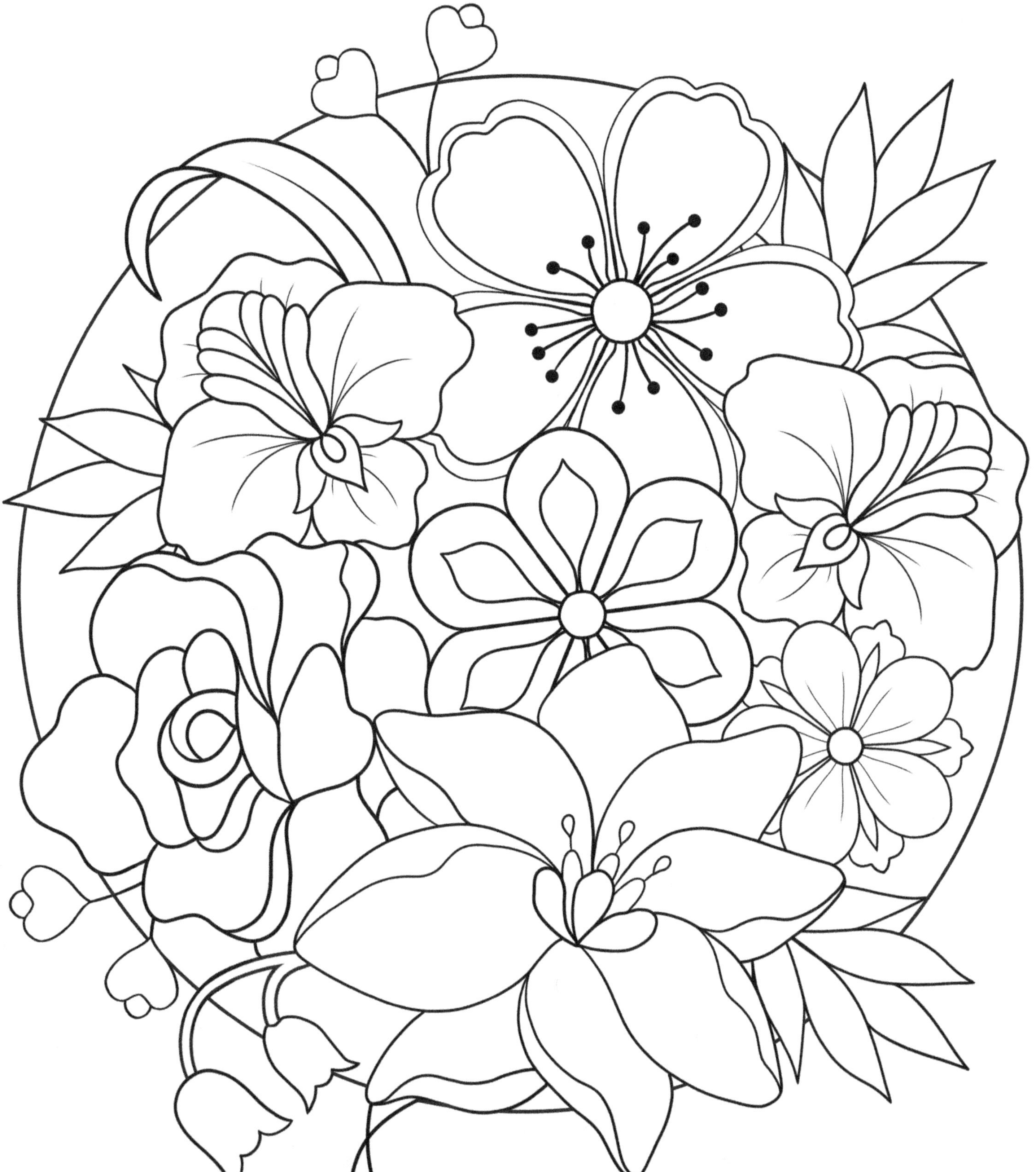

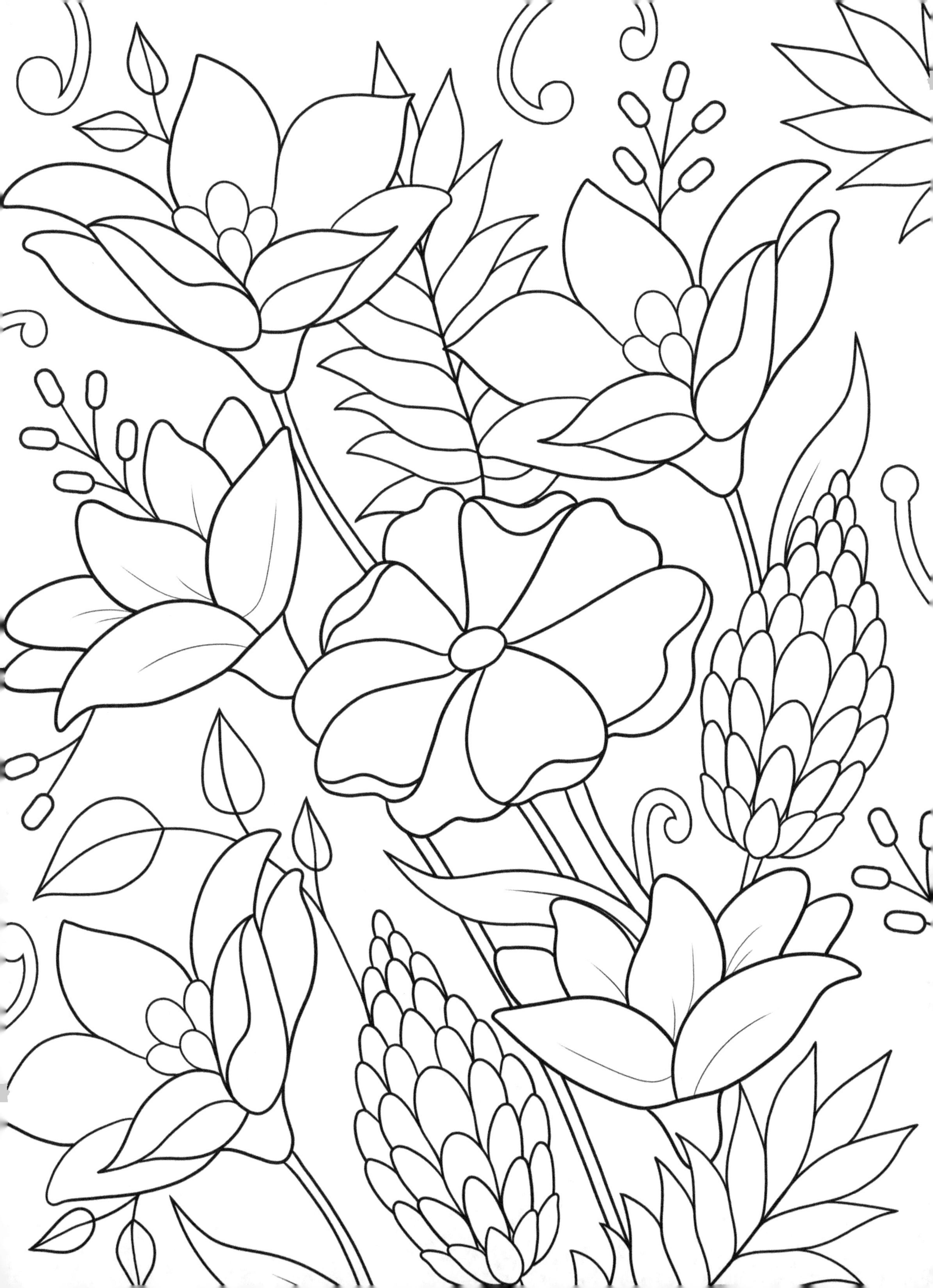

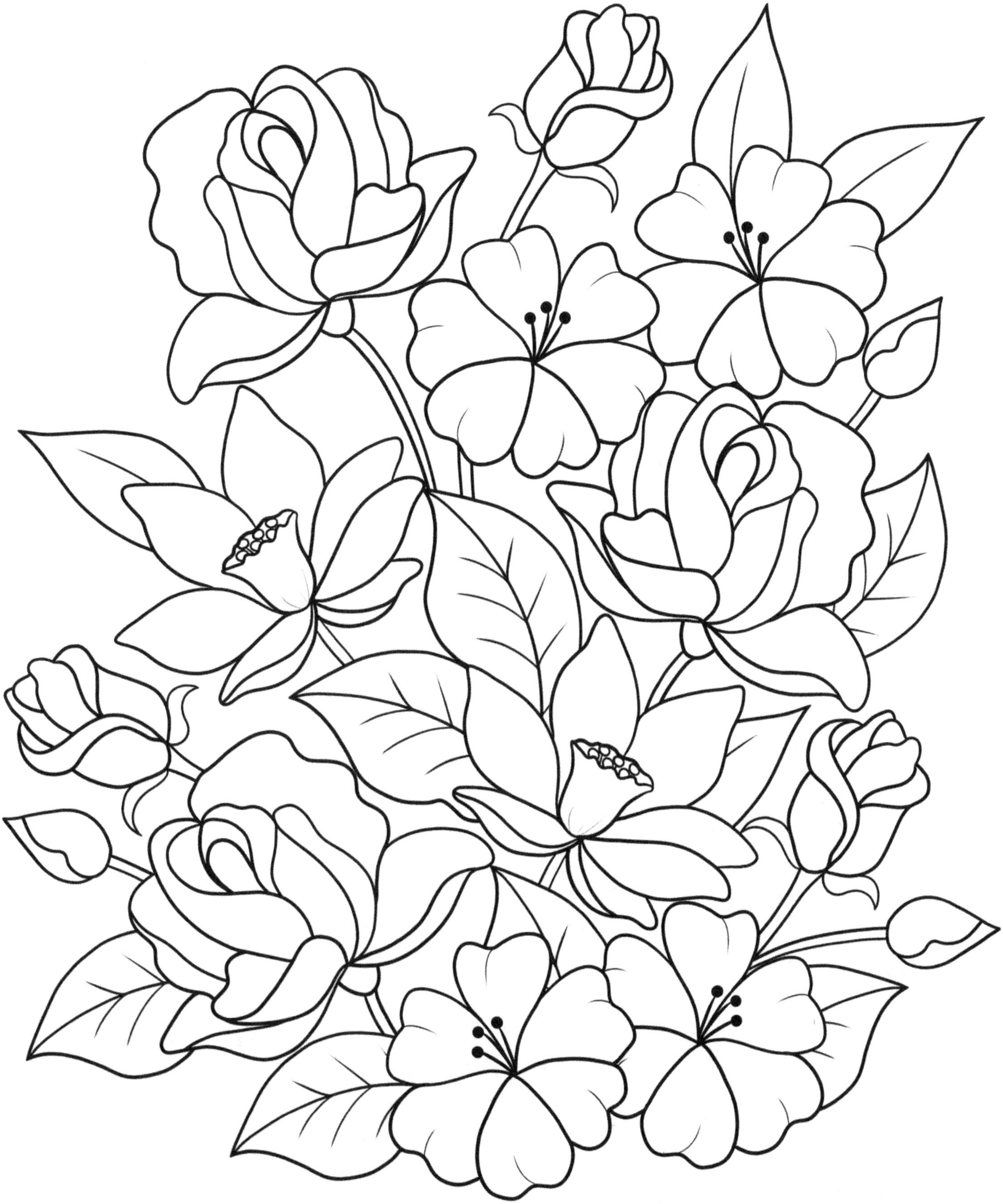

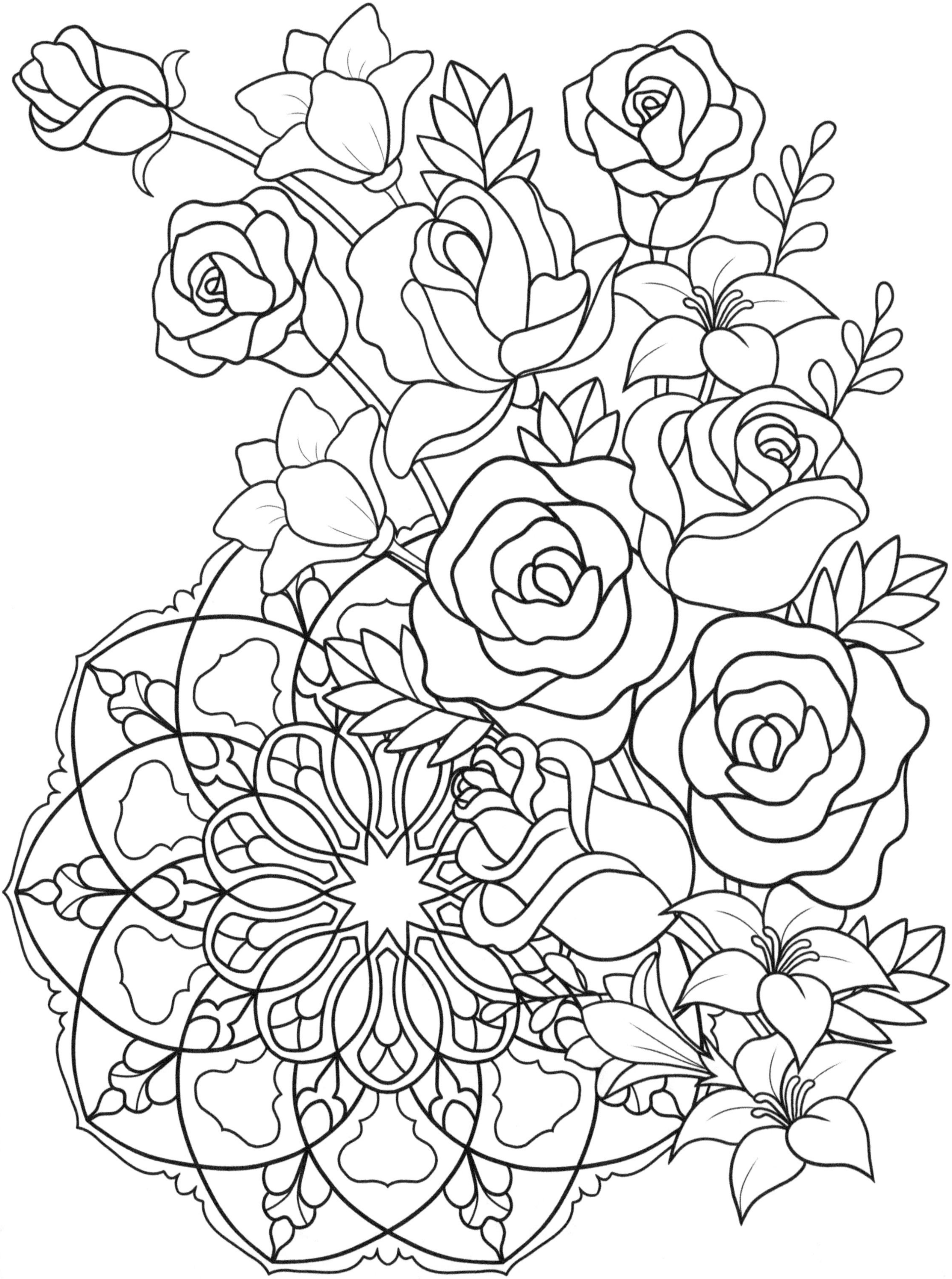

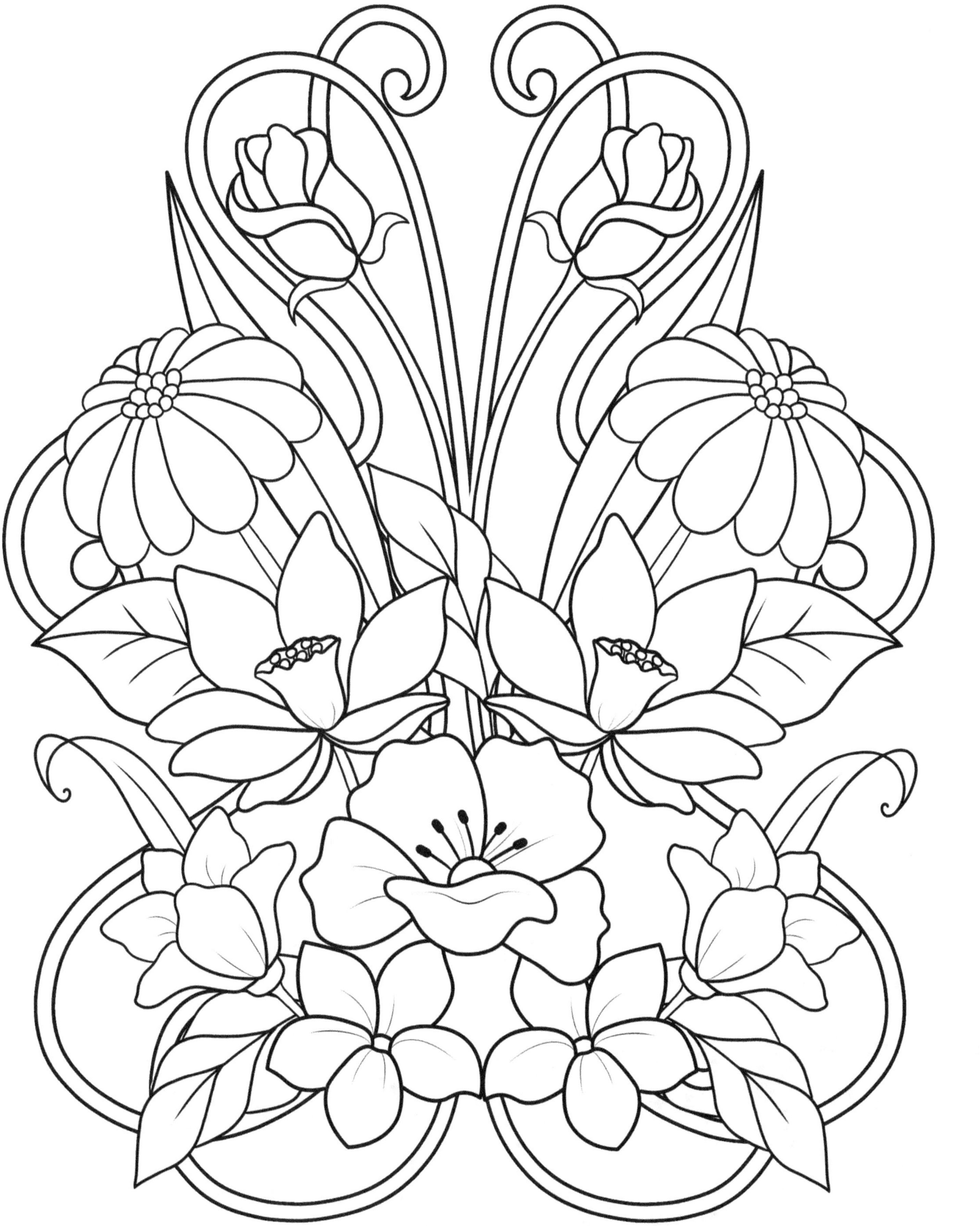

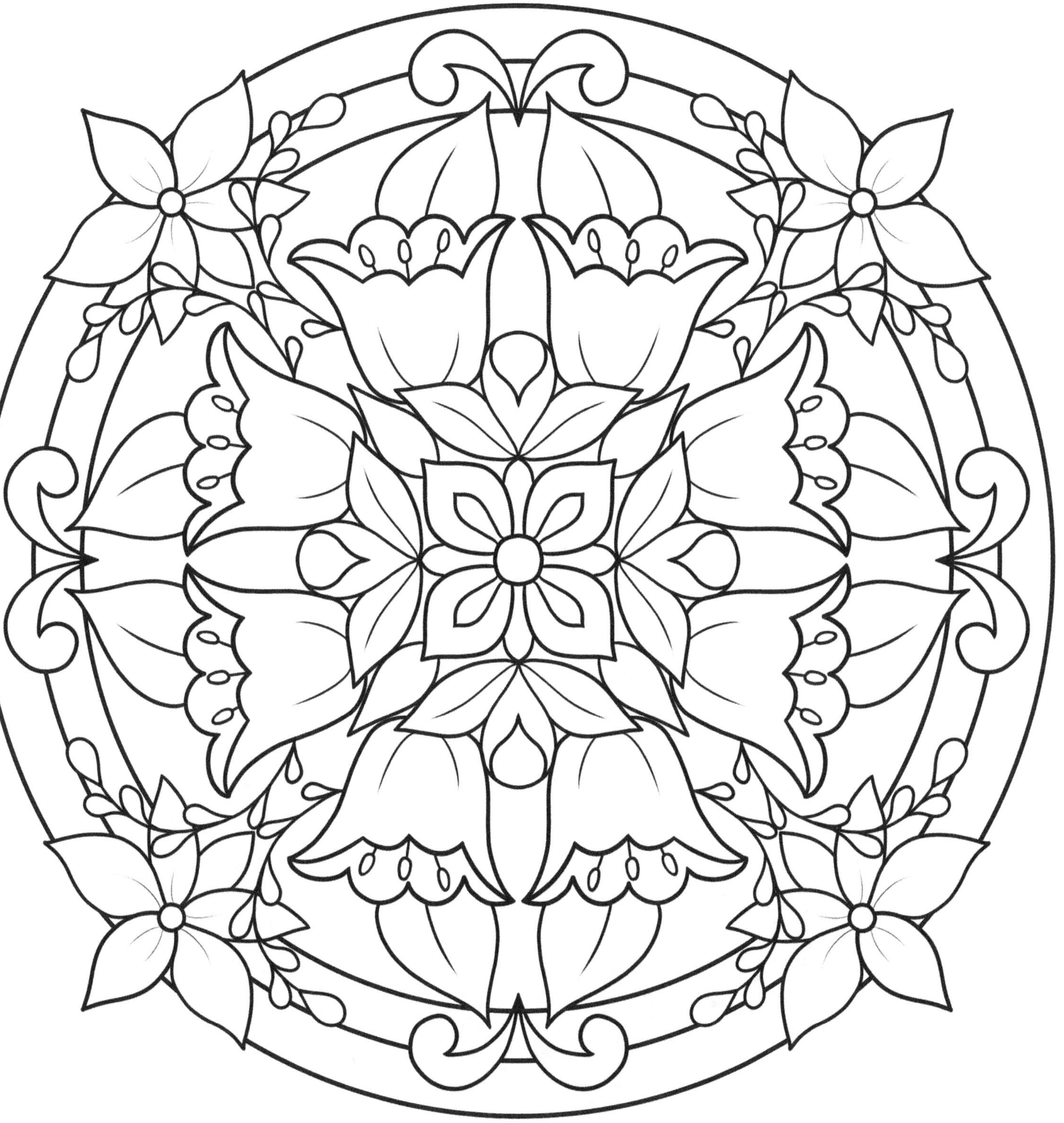

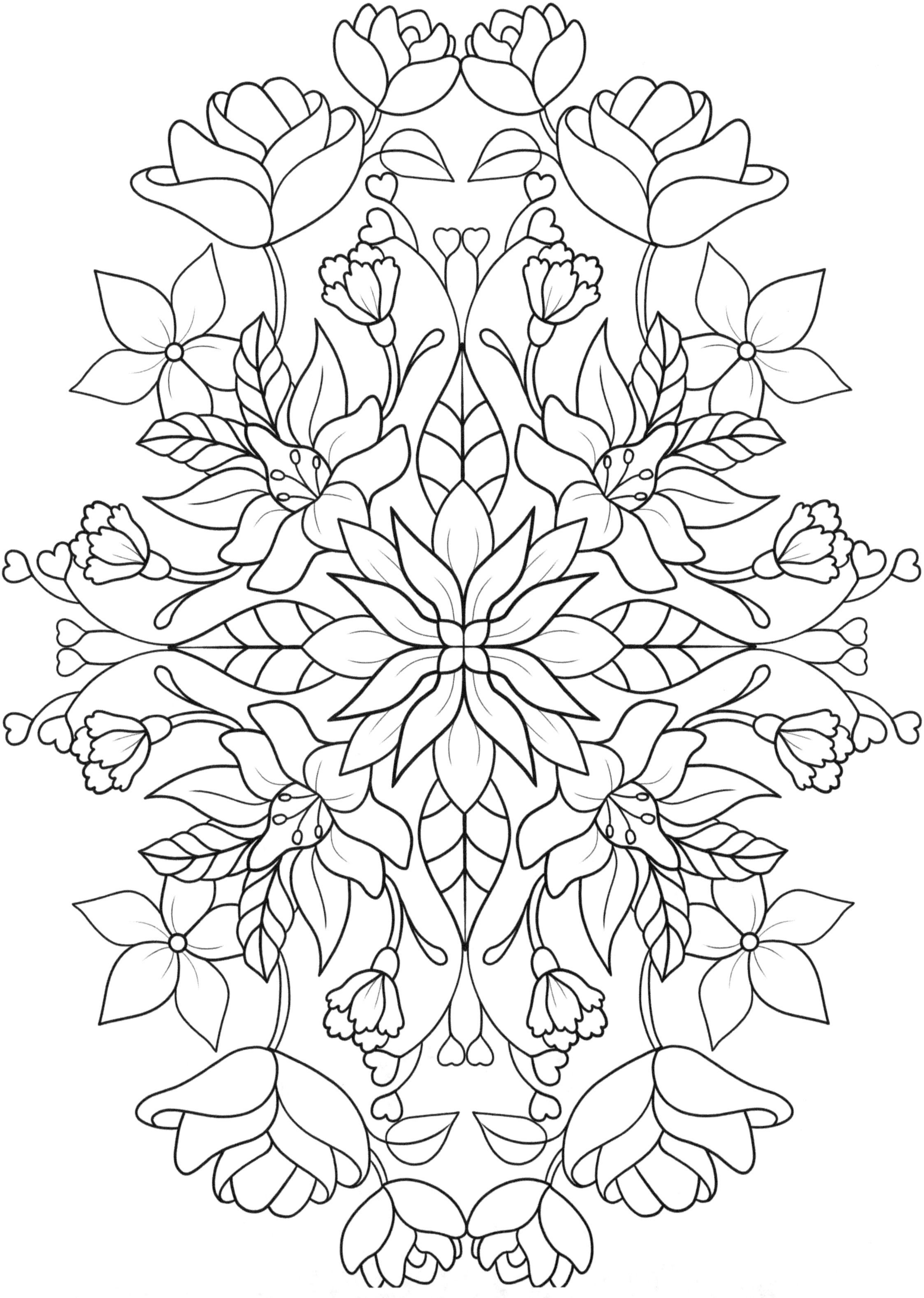

www.ingramcontent.com/pod-product-compliance
Lightning Source LLC
Chambersburg PA
CBHW080608220526
45466CB00010B/3285
* 9 7 9 8 5 6 7 2 4 5 1 1 8 *